생성형 AI 중심 비즈니스

인공지능총서

인공지능 시대입니다. 기계가 인간의 인지를 대신하고, 사물이 인간을 통하지 않고 다른 사물과 직접 커뮤니케이션합니다. 이에 따른 인간 삶과 문명 변화를 정확히 이해·예측·대응하는 것은 이 시대 우리 모두의 과제입니다. 인공지능총서는 인공지능 기술과 환경의 여러 주제를 10가지 키워드로 정리합니다. 관련 개념과 이론, 학계와 산업계의 쟁점, 우리 일상의 변화를 다룹니다. 인간과 기술의 현재, 미래를 세심히 분석합니다.

일러두기

- 인명, 작품명, 저서명, 개념어 등은 한글과 함께 괄호 안에 해당 국가의 원어를 병기했습니다.
- 외래어 표기는 현행 어문규정의 외래어표기법을 따랐습니다.

처음이세요?

전문가세요?

생성형 AI 중심 비즈니스

권오병·이남연·손권상·최상호·권성준·최륜희·권상지·박예린

대한민국, 서울, 커뮤니케이션북스, 2025

생성형 AI 중심 비즈니스

지은이 권오병·이남연·손권상·최상호·권성준·최륜희·권상지·박예린
펴낸이 박영률

초판 1쇄 펴낸날 2025년 7월 30일

커뮤니케이션북스(주)
출판 등록 2007년 8월 17일 제313-2007-000166호
02880 서울시 성북구 성북로 5-11
전화(02) 7474 001, 팩스(02) 736 5047
commbooks@commbooks.com
www.commbooks.com

ISBN 979-11-430-0668-4 03500

책값은 뒤표지에 표시되어 있습니다.

차례

생성형 AI 중심의 경제가 다가오고 있다

생성형 AI로 이뤄 가는 신경제

필자는 지난 20년간 1년에 두 차례씩 해외 봉사 활동을 다니고 있다. 2025년 겨울, 아름다운 칸첸중가 설산에서 소수 민족 학생들을 만났다. 생성형 AI 이야기를 꺼내니 다들 표정이 진지해졌다. 아티스트를 꿈꾸는 어떤 학생은 벌써 수노 AI(Suno AI)로 작곡을 하고 있었고, 강의 후 몇몇이 찾아와 생성형 AI를 더 공부하고 싶다며 지도해 달라고 간청했다. 이곳 산속에서도 생성형 AI는 자신의 꿈을 펼칠 수 있는 유력한 수단으로 알려져 있었다.

전 세계 생성형 AI 시장은 2023년 500억 달러 규모에서 2025년 2400억 달러 규모로 급성장하고 있다. 한 조사에 따르면 2034년에는 1조 달러 규모에, 연간 10% 이상 급성장할 것으로 예상하고 있다. 엔비디아, 구글, 오픈AI 등 빅테크뿐 아니라 중소기업들도 생성형 AI를 활용하는 것을 적극 고려하고 있는 상황이다. 생성형 AI를 활용하면 전문 스태프를 고용한 듯한 효과를 얻을 수 있고, 광고 동영상을 작성하거나 제품을 디자인하는 것도 매우 효율적이다. 고객 대응, 제품 및 서비스 생산성, 각종 업무 혁신에 생성형 AI의 활용도는 광대하다. 한편으로 데이터 보안에 대한 우려, 급증하는 다양한 생성형 AI 도구의 선택 여부, 아울러 생성형 AI의 투자 수익률에 대한 경영진의 의구심이 상존하지만 분명 큰 기회인 것만은 분명하다. 바야흐로 세상은 4차 산업혁명의 시대에서 인공지능 중심의 산업혁명으로, 더 나아가 생성형 AI 중심 경제로 진행 중이다.

한 가지 생각할 것은 왜 기존의 전통적인 판별형 AI에서 생성형 AI로 관심이 이동하는가다. 무언가를 식별 또는 판정하고, 예측하고, 추천하는 것은 우리 주변에서 흔히 벌어지는 의사 결정 활동이며, 판별형 AI의 지원을 받을 수 있는 부분이다. 그런데 일반적인 영역에서 판별형 AI의 성능은 100%에 도달하기 어려운 반면, 그중 많은 응용은 1%의 오류도 허용될 수 없었다. 의료, 모빌리티, 금융, 보안, 국방, 대규모 생산 등의 영역은 1% 오류도 심각한 결과를 초래할 수 있다. 물론 어느 정도의 오차가 허용되는 상품 추천 시스템 같은 경우도 있지만, 상당 부분 현재의 판별형 AI 수준으로는 상용화가 어렵다. 그에 비해 생성형 AI는 글이나 소리, 이미지 등 무언가를 창작해 내거나 데이터를 증강하는 과업에 투입되므로 일부

라도 만족할 만한 결과물이 나오더라도 성공 판정을 받을 수 있어, 의외로 판별형 AI보다 상용화 가능한 부분이 다양하다는 매력이 있다. 그래서 비즈니스 관점에서도 생성형 AI의 가치는 크다고 볼 수 있으며, 이 또한 생성형 AI 중심 경제로의 이동이 기대되는 부분이다.

그러므로 생성형 AI 리터러시를 높이는 것은 우리의 삶을 풍요롭게 하는 것뿐 아니라, 새로운 사회 경제적 기회를 쟁취하는 것이기도 하다. 기존의 자동화 기술과 달리 생성형 AI는 사무, 창작 업무 등 그동안 인간 고유의 영역으로 여겨지는 분야의 경제 활동과 관련된다. 생성형 AI 기반 컴퓨터 프로그래밍은 정보 시스템 개발의 생산성을 수십 배 향상하고 있으며, 이는 다시 기업 및 소비자 활동의 근본적인 변화를 가져오고 있다. 이제 생성형 AI를 자신의 목적을 위해 다룰 줄 아는 개인, 집단, 기업, 사회, 국가가 경쟁적 우위를 점하는 시대가 되어 가고 있다.

책의 구성

이 책은 생성형 AI의 개념과 중요한 생성형 AI 유형(대규모 언어 모델, 대규모 멀티모달 모델, T2I 모델, T2V 모델)을 쉽게 이해하는 것에서부터 시작한다. 이어 생성형

AI의 효과성을 좌우하는 프롬프트 엔지니어링의 개념과 방법을 다루고, 그 결과물에 대한 품질 평가가 어떻게 이뤄지는지를 서술했다. 또한 생성형 AI를 통해 기업과 소비자는 어떻게 가치를 창출하는지, 비즈니스 모델의 혁신에 대해 논의하면서 생성형 AI 중심 경제에 대한 심도 있는 이해를 도모했다. 끝으로 생성형 AI 기반 비즈니스의 미래에 대해 다루는 것으로 마무리했다.

이 책은 이를 바탕으로 다음 10가지 주제로 구성되었다. 1장은 생성형 AI의 개념과 이를 분류하는 다양한 방식에 대해 소개했다. 생성형 AI는 기존의 분석 중심 AI에서 더 나아가 텍스트, 이미지, 음성, 코드 등 창의적 산출물을 생성하며 기술 및 산업 전반에 새로운 가능성을 열고 있다. 이 장은 이후 장에서 다룰 내용을 이해하는 기초 개념을 제공한다.

2장은 생성형 AI의 핵심 기술 중 하나인 대규모 언어 모델(LLM)의 원리와 구조를 다뤘다. 방대한 텍스트 데이터를 기반으로 학습한 LLM은 문맥 이해와 자연스러운 언어 생성을 통해 다양한 산업에서 활용되고 있다. 특히 챗봇, 번역, 요약, 코딩 등 실제 응용 사례를 중심으로 LLM의 비즈니스 적용 가능성을 살펴본다. 또한 LLM의 문제를 극복하기 위한 미세 조정(Fine-tuning) 기술이나 검색 증강(RAG, Retrieval-Augmented Generation) 기술에 대해서도 이해해 본다.

3장은 텍스트, 이미지, 오디오 등 다양한 데이터를 동시에 처리하는 대규모 멀티모달 모델(LMM)의 개념과 기술적 특징을 다뤘다. GPT-4o, 라바(LLaVA) 등 LMM은 단일 모달리티의 한계를 넘어선 융합적 AI로, 다양한 산업 분야에서 정교한 분석과 생성 능력을 통해 혁신을 이끌고 있다. 이 장에서는 LMM의 기술적 도전 과제와 함께 실제 산업 적용 사례 및 향후 발전 방향을 조망했다.

4장은 텍스트 입력을 기반으로 이미지를 생성하는 텍스트 이미지 변환(Text to Image, T2I) 기술의 원리와 발전 과정을 소개했다. T2I는 예술, 광고, 교육 등 다양한 분야에서 창작의 방식을 혁신하며 실질적인 변화를 이끌고 있다. 이 장에서는 T2I 모델의 기술적 특성과 함께 산업별 활용 사례 및 향후 진화 방향을 폭넓게 다뤘다.

5장은 텍스트를 기반으로 영상 콘텐츠를 생성하는 텍스트 비디오 변환(Text to Video, T2V) 기술의 개념과 작동 원리를 소개했다. 최근 등장한 다양한 T2V 도구들은 영화, 광고, 교육 등에서 영상 제작 방식의 혁신을 이끌고 있다. 이 장에서는 주요 활용 사례와 함께 기술적 한계, 윤리적 이슈 등 T2V가 직면한 과제들을 종합적으로 살폈다.

6장은 생성형 AI 모델의 응답 품질을 결정짓는 핵심 요소인 프롬프트 엔지니어링의 개념과 중요성을 다뤘다. 프롬프트의 구성 방식에 따라 생성 결과가 달라지기 때문에, 효과적인 프롬프트 설계는 AI 활용의 성패를 좌우할 수 있다. 다양한 프롬프트 유형과 작성 전략, 그리고 이를 구현하는 데 마주하게 되는 도전 과제를 살폈다.

7장은 생성형 AI 도구의 선택과 개발 방향 설정을 위한 품질 평가 기준을 다뤘다. 기존의 기술 중심 평가를 넘어 소비자 관점에서의 평가 기준을 제시함으로써, 시장 수용성과 실질적 활용 가능성을 높이는 접근이 강조된다. 그러나 품질 평가를 모두 다루는 것은 방대할 수 있어, T2V 기술에 집중해 T2V 도구의 시스템 품질, 정보 품질을 중심으로 생성형 AI 품질 평가의 틀을 마련하고, 바람직한 도구 개발을 위한 방향성을 제시했다.

8장은 생성형 AI를 기업의 가치 창출과 성장 동력으로 활용하기 위한 전략과 실행 로드맵을 제시했다. 생성형 AI 기술을 통해 비즈니스 모델과 운영 방식을 혁신하는 방법을 구체적으로 다루며, 지속 가능한 경쟁 우위 확보를 위한 체계적 접근을 소개했다.

9장은 생성형 AI가 상거래와 마케팅 분야에 가져온 비즈니스 모델 변화를 집중 조명했다. 개인화 추천, 고객 응대 자동화, 재고 관리 효율화 등 다양한 혁신 사례를 통해, AI 도입이 전통적 운영 방식을 어떻게 혁신하는지 살폈다. 또한 콘텐츠 제작 자동화와 타깃 마케팅 최적화 등 마케팅 분야에서의 실제 적용 사례도 소개했다.

마지막 10장은 생성형 AI가 비즈니스 혁신의 핵심으로 자리 잡을 미래상을 다뤘다. AI 에이전트 기술이 개인과 기업에 미치는 영향과 가능성을 분석하고, 생성형 AI와 양자 컴퓨팅의 융합이 가져올 근본적 변화와 연구 현황, 앞으로의 도전 과제를 조망했다.

이 책은 생성형 AI의 전반에 대한 이해와 리터러시 제고를 필요로 하는 경영자, 실무자를 위해 작성되었다. 21세기 중반으로 나아가는 국가의 경쟁력은 전 국민 생성형 AI 리터러시에 의해 적지 않은 영향을 받을 것이다. 이 책이 그 여정에 자그마한 도움이 되기를 기대한다.

권오병

참고문헌

권오병·김관영(2021). 《4차산업혁명과 지속가능사회》. 청람.

01
생성형 AI: 개념과 분류

인공지능(AI)은 끊임없는 진화를 거듭하며 인류의 기술 · 경제 지형을 재편해 왔다. 특히 생성형 AI의 등장은 단순한 분석과 예측을 넘어 새로운 콘텐츠와 데이터를 창조하는 패러다임으로의 전환을 이끌고 있다. 생성형 AI는 텍스트, 이미지, 음성, 코드 등 다양한 형태의 창의적 결과물을 생성하며, 기업 비즈니스의 혁신 속도를 가속화하고 있다. 생성형 AI의 개념과 분류를 소개해 책 전체에 대한 이해를 돕고자 한다.

AI와 1인 창업?

생성형 AI의 개념

생성형 AI(Generative AI)는 기존 AI와 근본적으로 다른 목적을 지닌다. 전통적 AI가 데이터 분류 · 예측 · 최적화에 집중했다면, 생성형 AI는 "창조"를 핵심으로 한다. 예를 들어, GPT 시리즈는 인간과 유사한 글을 생성하고, 달리(DALL-E)나 미드저니(MidJourney)는 독창적인 이미지를 제작하며, 깃허브 코파일럿(GitHub Copilot)은 개발자용 코드를 작성한다. 이는 GAN(Generative Adversarial Network, 생성적 적대 신경망), 트랜스포머(Transformer), 확산 모델(Diffusion Model) 등의 기술적 혁신에 힘입어 가능해졌다. 그러나 일부 일반인들은 생성형 AI가 감정을 가지고 사고를 할 수 있다고 말한다. 하지만 개념을 정확히 인지해 생성형 AI가 논리와 확률에 기반한 것을 이해한다면 AI를 활용한 비즈니스를 풀어 나가는 데 좋은 초석이 될 것이다.

생성형 AI의 분류

생성형 AI의 핵심은 앞서 말한 바와 같이 단순히 기존 데이터를 분석하고 예측하는 것을 넘어, 새로운 데이터를 창조해 낼 수 있다는 점에 있다. 텍스트, 이미지, 오디오, 비디오, 3D 모델, 심지어 코드를 생성하는 능력(한국지능정보사회진흥원 NIA, 2024)에 이르기까지, 생성형 AI는 AI 전문가가 아닌 일반 사용자에서부터 작업의 방식을 근본적으로 변화시키고 있다.

생성형 AI를 깊이 이해하기 위해서는 다양한 분류 기준을 살펴볼 필요가 있다. 생성형 AI는 생성 결과물의 형태, 기반 기술, 적용 분야 등 다양한 관점에서 분류될 수 있으며, 각 분류는 생성형 AI의 특징과 활용 방안을 이해하는 데 중요한 통찰력을 제공한다.

우선 생성형 AI는 어떤 데이터 결과물(Modality)을 생성하는지에 따라 직관적으로 분류할 수 있다.

첫 번째는 텍스트 생성(Text Generation)이다. 가장 오래된 역사를 가진 생성형 AI 분야 중 하나로, 주어진 맥락이나 조건에 맞춰 자연스러운 텍스트를 생성한다. 텍스트 생성은 다음과 같은 유형의 서비스들을 제공한다.

챗봇

사용자와 자연스러운 대화를 나눌 수 있는 챗봇은 텍스트 생성 능력을 활용한다. 챗GPT(Chat Generative Pre-trained Transformer), 라마(LLaMA) 계열 모델은 대표적인 텍스트 생성 모델로, 질문에 대한 답변, 이야기 생성, 다양한 텍스트 형식 생성 등 광범위한 작업을 수행할 수 있다.

콘텐츠 작성

마케팅 문구, 제품 설명, 블로그 게시물, 시, 소설, 기사 초안 등 다양한 종류의 텍스트 콘텐츠를 자동으로 생성해 작가의 창작 활동을 보조하거나 효율성을 높일 수 있다.

언어 번역

번역 모델 또한 생성형 AI의 범주에 포함될 수 있다. 원본 언어 텍스트를 입력받아 목표 언어 텍스트를 생성하는 과정을 거친다.

사무 지원

사무 업무에 대한 다양한 지원이 있다. 이메일, 서류 양식, 제안서, 기획서, 설명서, 보고서 등 다양한 비즈니스 업무를 지원하고, 개발에 따라 검색 증강(RAG, Retrieval-Augmented Generation) 형태로 내재화된 지원을 한다.

두 번째는 이미지 생성(Image Generation)이다. 텍스트 설명, 스타일, 또는 기존 이미지 등의 조건을 입력받아 새로운 이미지를 생성한다. 최근 몇 년간 눈부신 발전을 이루며 예술, 디자인, 광고, 웹툰 등 다양한 분야에 큰 영향을 미치고 있다.

이미지 편집 및 합성

기존 이미지의 특정 부분을 수정하거나 새로운 요소를 추가해 이미지를 편집하거나, 여러 이미지를 합성해 새로운 이미지를 생성할 수 있다.

텍스트-이미지 변환

사용자가 입력한 텍스트 설명을 바탕으로 완전히 새로운 이미지를 생성한다. 달리, 스테이블 디퓨전(Stable Diffusion), 미드저니 등이 대표적인 모델이며, 추상적인 아이디어나 상상 속의 장면을 시각화하는 데 강력한 도구로 활용된다.

스타일 변환

특정 화가의 화풍이나 예술 스타일을 다른 이미지에 적용해 이미지의 스타일을 변환한다. 예술적인 표현을 탐구하거나 콘텐츠의 시각적 분위기를 조정하는 데 사용될 수 있다.

세 번째는 오디오 생성(Audio Generation)이다. 음악, 음성, 효과음 등 다양한 종류의 오디오를 생성하며, 음악 작곡, 음성 합성, 사운드 디자인 등 다양한 분야에서 활용 가능성이 높다.

음악 작곡

멜로디, 화성, 리듬 등을 자동으로 생성해 새로운 음악 작품을 만들 수 있다. 다양한 장르와 스타일의 음악을 생성하는 모델이 개발되고 있으며, 작곡가의 창작 활동을 보조하거나 완전히 새로운 음악적 경험을 제공할 수 있다.

음성 합성

텍스트를 입력받아 자연스러운 인간의 음성으로 변환한다. 음성 비서, 오디오북, 접근성 기술 등 다양한 분야에서 핵심 기술로 사용된다.

효과음 생성

게임, 영화, 애니메이션 등 콘텐츠 제작에 필요한 다양한 효과음을 자동으로 생성한다. 창작 과정의 효율성을 높이고, 풍부한 사운드 경험을 제공하는 데 기여한다.

네 번째는 비디오 생성(Video Generation)이다. 텍스트 설명이나 기존 이미지/비디오를 입력받아 새로운 비디오를 생성한다. 이미지 생성 분야에 비해 아직 초기 단계이지만, 최근 기술 발전 속도가 매우 빠르며, 미래 콘텐츠 제작 방식에 혁신을 가져올 것으로 기대된다.

텍스트-비디오 변환

사용자가 입력한 텍스트 설명을 바탕으로 짧은 비디오 클립을 생성한다. 아직은 짧은 길이의 비디오나 애니메이션 효과를 생성하는 수준이지만, 점차 복잡하고 긴 비디오 생성이 가능해질 것으로 예상된다.

비디오 편집 및 합성

기존 비디오에 특수 효과를 추가하거나, 여러 비디오를 합성해 새로운 비디오를 생성한다. 영화 제작, 광고, 엔터테인먼트 등 다양한 분야에서 활용 가능성이 높다.

3D 애니메이션 생성

3D 모델을 기반으로 애니메이션 효과를 자동으로 생성한다. 캐릭터 애니메이션, 시뮬레이션, 게임 개발 등 다양한 분야에서 활용될 수 있다.

다섯 번째는 3D 모델 생성(3D Model Generation)이다. 텍스트 설명이나 2D 이미지 등을 입력받아 3D 모델을 생성한다. 제품 디자인, 건축 설계, 게임 개발, 메타버스 등 다양한 분야에서 활용될 수 있다.

텍스트-3D 모델 변환

사용자가 입력한 텍스트 설명을 바탕으로 3D 모델을 생성한다. 예를 들어, "빨간색 스포츠카"라고 입력하면, 해당 3D 모델을 생성하는 방식이다.

이미지-3D 모델 변환

2D 이미지를 입력받아 해당 이미지에 해당하는 3D 모델을 생성한다. 사진이나 스케치를 기반으로 3D 모델을 빠르게 제작할 수 있도록 돕는다.

3D 모델 편집 및 변형

기존 3D 모델의 형태를 수정하거나 변형한다. 3D 모델 디자인 과정에서 유연성을 높이고 효율성을 향상할 수 있다.

여섯 번째는 코드 생성(Code Generation)이다. 자연어 설명이나 프로그래밍 요구 사항을 입력받아 코드를 생성한다. 소프트웨어 개발 생산성을 혁신적으로 향상할 잠재력을 가지고 있다.

자연어-코드 변환

사용자가 자연어로 원하는 기능을 설명하면 해당 기능을 구현하는 코드를 자동으로 생성한다. 프로그래밍 경험이 없는 사람도 쉽게 코드를 작성하거나 프로그래밍 작업을 자동화하는 데 도움을 줄 수 있다.

코드 완성

개발자가 코드를 작성하는 과정에서 다음 코드를 예측해 자동으로 완성해 주는 기능이다. 코딩 속도를 높이고 오류를 줄이는 데 기여한다.

테스트 코드 생성

작성된 코드에 대한 테스트 코드를 자동으로 생성한다. 소프트웨어 품질을 향상하고, 개발 효율성을 높이는 데 도움을 줄 수 있다.

마지막으로 멀티모달 생성(Multimodal Generation)이다. 두 가지 이상의 형태를 결합해 새로운 결과물을 생성한다. 예를 들어, 이미지와 텍스트를 동시에 생성하거나, 비디오와 오디오를 결합해 새로운 콘텐츠를 만드는 방식이다.

이미지-텍스트 동시 생성

이미지와 해당 이미지를 설명하는 텍스트를 함께 생성한다. 예를 들어, 그림책 제작, 광고 콘텐츠 제작 등에 활용될 수 있다.

비디오-오디오 결합 생성

비디오 콘텐츠에 적합한 배경 음악이나 음향 효과를 자동으로 생성하거나, 반대로 음악에 맞춰 비디오를 생성한다. 콘텐츠 제작의 풍부함을 더하고 몰입도를 높이는 데 기여할 수 있다.

다른 한편으로 생성형 AI는 다양한 기반 기술과 아키텍처를 활용해 구현할 수 있다. 주요 기술 아키텍처의 분류(Technology Architecture)는 다음과 같다.

GAN(Generative Adversarial Networks, 생성적 적대 신경망)

두 개의 신경망(생성자, 판별자)을 경쟁적으로 학습시켜 실제 데이터와 유사한 데이터를 생성하는 방식(Goodfellow, 2014)이다. 이미지 생성 분야에서 큰 성공을 거두었으며, 다양한 종류의 데이터 생성에 활용될 수 있다.

생성자와 판별자의 적대적 학습을 통해 고품질의 데이터를 생성할 수 있지만, 학습 과정이 불안정하거나 모드 붕괴(Mode Collapse) 현상이 발생할 수 있다는 단점이 있다.

VAE(Variational Autoencoders, 변분 오토인코더)

입력 데이터를 저차원 잠재 공간(Latent Space)으로 압축(인코딩)하고, 잠재 공간으로부터 다시 데이터를 복원(디코딩)하는 과정을 통해 학습한다. 잠재 공간을 활용해 새로운 데이터를 생성할 수 있다.

GAN에 비해 학습이 안정적이지만, 생성된 데이터의 품질이 GAN만큼 높지 않다는 평가를 받기도 한다. 하지만 잠재 공간을 통해 데이터의 특징을 효과적으로 학습하고 조작할 수 있다는 장점이 있다.

자기 회귀 모델(Autoregressive Models)

이전 시점의 데이터를 기반으로 다음 시점의 데이터를 순차적으로 예측하는 방식이다. 텍스트 생성 분야에서 트랜스포머 모델의 등장으로 큰 발전을 이뤘으며, 이미지, 오디오 등 다양한 분야에도 적용되고 있다.

텍스트 생성과 같이 순차적인 데이터 생성에 강점을 보이며, 트랜스포머 모델은 장거리 의존성을 효과적으로 학습해 문맥을 잘 이해하는 텍스트를 생성할 수 있다. 하지만 생성 속도가 상대적으로 느릴 수 있다는 단점이 있다.

확산 모델(Diffusion Models)

데이터에 점진적으로 노이즈를 추가하는 확산 과정(Diffusion Process)과, 노이즈를 제거해 데이터를 복원하는 역확산 과정(Reverse Diffusion Process)을 학습한다. 최근 이미지 생성 분야에서 뛰어난 성능을 보여 주며 주목받고 있다.

생성 데이터의 품질이 매우 높고 다양성이 풍부하다는 장점이 있다. 학습 및 생성 과정에 많은 계산 자원이 필요하다는 단점이 있지만, 기술 발전으로 점차 개선되고 있다.

정규화 흐름(Normalizing Flows)

복잡한 데이터 분포를 단순한 분포로 변환하고, 역변환을 통해 데이터를 생성하는 방식이다. 확률 모델링과 생성 모델링 분야에서 활용된다.

확률 밀도 함수를 명시적으로 계산할 수 있다는 장점이 있지만, 모델 구조 설계가 복잡하고, 학습이 어려울 수 있다는 단점이 있다.

생성형 AI는 다양한 분야에 적용되어 특정 작업들을 수행할 수 있다. 적용 분야 및 작업 유형에 따른 분류(Application/Task)는 다음과 같다.

콘텐츠 제작

마케팅, 광고, 디자인, 엔터테인먼트 등 다양한 분야에서 텍스트, 이미지, 오디오, 비디오 등 다양한 형태의 콘텐츠를 제작하는 데 활용된다. 광고 문구 생성, 제품 이미지 디자인, 음악 작곡, 비디오 편집, 소설 초안 작성, 게임 애셋(game assets) 생성 등이 콘텐츠 제작의 예다.

데이터 증강

기존 데이터를 변형하거나 새로운 데이터를 생성해 학습 데이터세트의 다양성을 확보하고 모델의 성능을 향상하는 데 활용된다. 이미지 분류 모델 학습을 위한 이미지 데이터 증강, 자연어 처리 모델 학습을 위한 텍스트 데이터 증강 등이 그 예다.

시뮬레이션 및 모델링

현실 세계 또는 가상 세계의 복잡한 시스템이나 현상을 모델링하고 시뮬레이션하는 데 활용된다. 기후 변화 시뮬레이션, 신약 개발 과정 시뮬레이션, 교통 흐름 시뮬레이션, 가상 환경 구축 등이 그 예다.

약물 발견

신약 후보 물질을 발굴하거나 약물 효능을 예측하고 최적화하는 데 활용된다. 새로운 분자 구조 생성, 약물-표적 상호 작용 예측, 약물 설계 및 최적화 등이 그 예다.

개인 맞춤형 학습

개인의 학습 스타일과 수준에 맞춰 맞춤형 학습 콘텐츠나 학습 경험을 제공하는 데 활용된다. 개인 맞춤형 교육 콘텐츠 생성, 학습 진도에 따른 문제 자동 생성, 개인별 학습 계획 생성 등이 그 예다.

개발

코드 자동 생성, 버그 예측, 테스트 코드 생성 등 소프트웨어 개발 프로세스를 자동화하고 효율성을 높이는 데 활용된다. 코드 자동 완성, 자연어 기반 코드 검색, 테스트 케이스 자동 생성, 코드 문서 자동 생성 등이 그 예다.

참고문헌

한국지능정보사회진흥원 NIA(2024.1.1). 생성형 AI 윤리 가이드북, https://iaae.ai/research/?bmode=view&idx=17433008

Goodfellow, I. J., et al.(2014.6.10). Generative adversarial networks. *ArXiv,* https://arxiv.org/abs/1406.2661

OpenAI(2023.3.27). GPT-4 technical report, https://cdn.openai.com/papers/gpt-4.pdf

OpenAI. ChatGPT, https://chatgpt.com/

Stability.ai, https://stability.ai/research

02
대규모 언어 모델

생성형 AI가 텍스트 영역에서 일으키는 혁신의 정점에 대규모 언어 모델(LLM)이 자리하고 있다. 수집한 방대한 텍스트 데이터를 사전 학습함으로써 LLM은 인간 수준의 문맥 이해와 자연스러운 문장 생성을 구현하고 있다. 특히 고객 응대 챗봇, 번역 및 요약 서비스, 코딩 보조 등 다양한 산업 분야로 확산되며 업무 효율성은 물론 새로운 비즈니스 기회를 열어 가고 있다. LLM의 기본 원리, 사전 학습과 미세 조정 과정, 그리고 이를 바탕으로 비즈니스 적용 방법을 살펴보고자 한다.

AI와 MBTI?

생성형 AI와 LLM의 등장 배경

AI는 규칙 기반 시스템에서 출발해 통계적 접근법을 거치며 발전해 왔다. 딥 러닝(Deep Learning)과 함께 이미지 · 음성 · 텍스트 처리 능력이 크게 향상되었지만, 긴 문맥 처리와 병렬 처리에는 한계가 있었다. 트랜스포머는 셀프 어텐션(Self-Attention) 메커니즘으로 이러한 한계를 극복하고, 빠르고 효율적인 학습을 가능케 했다(Vaswani, 2017). 생성형 AI는 대규모 언어 모델을 기반으로 텍스트, 이미지, 코드 등 다양한 영역에서 새로운 콘텐츠를 만들어 내며 산업 전반을 혁신하고 있다.

인공지능은 규칙 기반 접근에서 통계적 기법으로 발전하며 자연어 처리(NLP)와 음성 인식 분야의 분류 · 예측 정확도를 높여 왔다. 그러나 데이터가 복잡해질수록 성능이 제한되고, 환경 변화에도 유연하게 대응하기 어려운 한계가 있었다. 2010년대 중반부터 딥 러닝이 본격적으로 부상해 이미지 · 음성 · 텍스트 등 다양한 데이터를 처리했으나, 순환 신경망(RNN · LSTM) 구조로는 긴 문맥과 병렬 처리에 한계를 보였다. 이를 획기적으로 개선한 것이 2017년 "주의력만 있으면 된다(Attention is All You Need)" 논문에서 제안된 트랜스포머 구조이며, 셀프 어텐션 메커니즘으로 학습 속도와 성능을 크게 끌

어올렸다. 한편, GPT-3의 "퓨샷(Few-Shot)" 능력이 입증되면서 대규모 언어 모델이 실무에 바로 활용될 수 있다는 가능성이 제시되었다(Brown et al., 2020). 특히 GPT 시리즈, 버트(BERT), 라마(LLaMA) 등이 대표적 예로 꼽힌다.

LLM과 사전 학습

최근 인공지능 분야에서 대규모 언어 모델은 획기적인 변화의 주역으로 자리매김하고 있다. LLM은 단순히 텍스트를 분석·분류하는 수준을 넘어, 사람처럼 자연스럽고 일관성 있는 언어 생성까지 수행할 수 있다(Bommasani et al., 2020). 이러한 능력 뒤에는 '사전 학습(Pre-training)'이라는 핵심 과정이 자리하고 있다. 이 장에서는 LLM이 무엇인지, 그리고 그 근간이 되는 사전 학습이 실제로 어떤 식으로 진행되는지를 구체적으로 살펴보고자 한다.

대규모 언어 모델은 수억~수천억 개 이상의 파라미터를 가진, 거대한 스케일의 언어 모델을 의미한다. 인터넷 전반에서 수집한 막대한 텍스트 데이터(뉴스, 온라인 백과사전, SNS 등)를 학습함으로써 단순한 단어 매칭을 넘어 문맥적 · 의미적 이해와 자연스러운 문장 생성

능력을 갖추게 되었다.

LLM이 주목받는 이유로는 크게 세 가지가 있다. 첫째, 딥 러닝 기술과 트랜스포머 구조의 비약적 발전으로 자연어 처리 성능이 크게 개선되었다. 둘째, 그래픽처리장치(GPU)·텐서처리장치(TPU) 등 고성능 하드웨어와 클라우드 인프라가 발전해 이전보다 훨씬 빠른 속도로 대규모 모델을 학습할 수 있게 되었다. 셋째, 소셜 미디어·디지털 문서화 확산으로 사실상 무한에 가까운 텍스트가 축적되어 방대한 학습 데이터가 손쉽게 확보되었다.

이러한 '규모의 경제' 덕분에 GPT, 버트, 라마 등 초대형 모델들은 사람처럼 문맥을 이해하고 자연스럽게 글을 만드는 데 성공했다(Meta AI, 2023). 기존에는 지도 학습을 위해 엄청난 레이블링 작업이 필요했으나 사전 학습 단계에서는 '마스킹(Masking)' 같은 기법으로 텍스트 자체가 라벨 역할을 대신한다. 이를 통해 라벨링 부담을 줄이고 반복 학습을 거치면서 모델은 어휘·문맥·문법 구조 등 폭넓은 언어 지식을 내재화하게 된다(Devlin, 2018).

미세 조정의 원리

대규모 언어 모델이 여러 산업 분야에서 폭넓게 활용되고 있는 가장 큰 이유 중 하나는 이미 방대한 양의 텍스트를 학습해 '언어적 토대'를 갖춘 상태이기 때문에 추가 학습이 매우 쉽고 효과적이라는 점이다. 앞서 살펴본 사전 학습이 '범용 언어 이해 능력'을 모델에 부여한다면, 이 장에서 다룰 미세 조정은 '특정 업무(Task)에 맞춘 능력'을 갖추게 하는 핵심 과정이다.

사전 학습을 마친 모델은 이미 풍부한 텍스트 지식(어휘, 문맥, 문법 구조 등)을 내재화하고 있다. 하지만 모든 문제를 해결하기에는 각 업무 영역의 특수성이 무시할 수 없을 만큼 크다. 이에 따라 등장한 저비용 적응 기법이 로라(LoRA)로, 파라미터 일부만 저차원 행렬로 학습해 연산 자원을 크게 절감한다 (Hu et al., 2021).

또한 데이터 순서 · 초기 가중치 · 조기 종료 등을 세심하게 조정하면 소량의 라벨 데이터만으로도 높은 성능을 얻을 수 있음이 보고 되고 있다(Dodge et al., 2020).

트랜스포머 구조의 이해

생성형 AI와 대규모 언어 모델의 등장 배경을 보면서 오늘날 자연어 처리가 어떻게 빠르게 발전해 왔는지 개괄적으로 살펴보았다. 특히 사전 학습과 미세 조정이 LLM에서 핵심적인 역할을 담당한다는 점을 알게 되었는데, 그 두 과정을 가능하게 만들어 준 뿌리가 바로 트랜스포머(Transformer) 구조다(Vaswani, 2017).

과거 자연어 처리 분야에서는 순환 신경망(RNN, Recurrent Neural Network), 장기 단기 기억 신경망(LSTM, Long Short-Term Memory), 게이트순환유닛(GRU, Gated Recurrent Unit) 등 순환 신경망 계열 모델이 널리 쓰였으며, 이들은 단어 순서에 따라 앞서 나온 단어의 정보를 누적하며 다음 단어를 예측하는 방식으로 작동한다. 짧은 문장이라면 큰 문제가 없지만, 문장이 길어지면 초반부 단어가 주는 맥락이 뒤로 갈수록 희미해지는 장기 의존성(Long Short-Term Dependency) 문제가 발생한다. 또한 순차적으로만 처리하기 때문에 병렬화가 어렵다는 단점도 지녔다.

인간의 뇌가 언어를 이해하는 방식을 생각해 보면, 문장을 처음부터 끝까지 단어 하나하나를 선형 순서대로만 되짚으며 해석하지는 않는다. 문장 전체를 빠르게 훑어보고, 핵심 단어와 연결되는 단서를 찾으며 앞뒤 맥락을 참조해 종합적으로 문장을 이해한다. 트랜스포머는 바로 이런 인간의 사고 과정을 닮은 병렬적 어텐션 메커니즘을 제안함으로써 자연어 처리의 새로운 패러다임을 제시했다(Vaswani, 2017).

LLM 기반 애플리케이션 개발

생성형 AI 기술이 빠르게 확산되면서 대규모 언어 모델을 실제 애플리케이션 형태로 구현·운영하는 사례가 늘고 있다(OpenAI, 2023). 이때 가장 중요한 요소는 인프라와 모델 서빙 전략이다. 클라우드(AWS, GCP, Azure 등)는 고성능 그래픽처리장치(GPU)/텐서처리장치(TPU)를 유연하게 임대해 초기 비용과 확장성을 확보할 수 있지만, 서비스 사용량이 커지면 월 이용료가 크게 늘어날 수 있다. 반면 온프레미스(On-Premise)는 사내 보안과 데이터 주권 면에서 이점이 있지만 GPU 서버 구축·운영에 대한 비용과 관리 부담이 상당하다.

LLM API(Open AI, Cohere, AI21 등)를 활용하면 인프라나 모델 업데이트 부담 없이 쉽게 고성능 모델을 쓸 수 있지만 데이터가 외부로 전송되는 점에 유념하고 API 과금 체계를 신중히 살펴봐야 한다. 오픈소스 LLM(Meta LLaMA, EleutherAI GPT-Neo 등)을 직접 다운로드해 운영할 수도 있으나 대규모 학습·추론을 위한 하드웨어 자원과 지식 증류, 양자화, 프루닝 등 최적화 기법에 대한 노하우가 필요하다.

대표적인 LLM 애플리케이션은 고객 센터 지능형 챗봇, 문서 요약 · 검색 시스템, 코드 자동 생성 · 보조 등이 있다. 운영 시에는 모델이 '할루시네이션(Hallucination)' 현상을 일으키거나, 편향(Bias)된 답변을 생성하지 않도록 모니터링하고, 개인정보나 기밀 데이터를 안전하게 처리하는 프로세스를 마련해야 한다. 결국 기술 · 보안 · 윤리가 종합적으로 설계된 환경에서 LLM 애플리케이션은 기업과 개인의 생산성과 효율을 높이는 강력한 도구가 될 수 있다(Bommasani et al., 2021).

LLM 비즈니스 적용 전략

LLM은 기존 자연어 처리 기술과 달리 단순 텍스트 분석 성능 향상에만 머무르지 않는다. 오히려 기업 조직 전체의 업무 방식을 재편하고 새로운 비즈니스 기회를 창출하는 촉매로 작용할 수 있다. 그렇기 때문에 LLM을 도입하려는 기업은 생산성 극대화, 고객 만족도 향상, 혁신적 서비스 창출 등 다양한 목표를 설정하고 이를 달성하기 위한 전략을 종합적으로 세워야 한다(Bommasani et al., 2021).

LLM은 NLP 정확도를 높이는 것을 넘어 기업 전반의 업무 효율 향상과 새로운 비즈니스 창출에 기여할 수 있다. 예컨대 문서 작성 · 검토 · 번역 같은 텍스트 작업을 자동화해 생산성을 높이거나, 지능형 챗봇으로 24시간 대응해 고객 만족도를 올리는 사례가 대표적이다. 또한 전문 분야(의료 · 법률 · 금융 등)에 미세 조정을 적용해 맞춤형 AI 컨설턴트 서비스를 내놓는 식으로 혁신적인 사업 모델도 모색 가능하다. 다만 이러한 기회와 함께 윤리 · 법률 이슈도 부각된다. 모델이 잘못된 정보를 사실처럼 말하는 '할루시네이션'이나, 특정 집단에 대한 편향 · 차별 발언을 생성하는 문제가 있을 수 있다. 특히 규제가 엄격한 산업에서는 전문가 검수 프로세스를 마련하고, AI 결과물의 사용 범위와 책임 소재를 정확히 규정해야 한다. 비즈니스 모델 측면에서는 SaaS(서비스형 소프트웨어) 방식으로 웹 서비스 · API를 열어 과금하거나 컨설팅 조직을 만들어 다른 기업의 LLM 도입을 지원하는 전략을 선택할 수 있다(Hugging Face, 2023).

결국 LLM 비즈니스는 기술력을 단순히 도입하는 차원을 넘어 조직 운영과 문화까지 아우르는 종합적 전략을 필요로 한다. 윤리 · 법적 문제를 관리하고 데이터 거버넌스를 확립하며 AI 결과물에 대한 책임 한계를 분명히 하는 동시에 시장 변화와 고객 요구에 맞춰 유연하게 진화하는 모습이 중요하다.

참고문헌

Bommasani, R., et al.(2021.8.16). On the opportunities and risks of foundation models. *ArXiv*, https://arxiv.org/abs/2108.07258

Brown, T. B., et al.(2020.5.28). Language models are few-shot learners. *Advances in neural information processing systems*, 33, pp.1877-1901, https://papers.nips.cc/paper/2020/hash/1457c0d6bfcb4967418bfb8ac142f64a-Abstract.html

Devlin, J., et al.(2018.10.11). BERT: Pre-training of deep bidirectional transformers for language understanding. *ArXiv*, https://arxiv.org/abs/1810.04805

Dodge, J., et al.(2020). Fine-tuning pretrained language models: Weight initializations, data orders, and early stopping. *ArXiv*, https://arxiv.org/abs/2002.06305

Goodfellow, I., et al.(2020.10.22). Generative adversarial networks. *Communications of the ACM*, 63(11), pp.139-144, https://dl.acm.org/doi/10.1145/3422622

Howard, J. & Ruder, S.(2018.1.18). Universal language model fine-tuning for text classification. *ArXiv*, https://arxiv.org/abs/1801.06146

Hu, E. J., et al.(2021.1.17). Lora: Low-rank adaptation of large language models. *ArXiv*, https://arxiv.org/abs/2106.09685

Hugging Face(2023). Transformers Documentation,

https://huggingface.co/docs/transformers
Liu, L., et al.(2020.4.17). Understanding the difficulty of training transformers. *ArXiv*, https://arxiv.org/abs/2004.08249
Meta AI(2023.2.24). Introducing LLaMA: A foundational, 65-billion-parameter large language model, https://ai.meta.com/blog/large-language-model-llama-meta-ai/
OpenAI(2023). OpenAI API Documentation, https://platform.openai.com/docs/introduction
Radford, A., et al.(2018). Improving language understanding by generative pre-training, https://cdn.openai.com/research-covers/language-unsupervised/language_understanding_paper.pdf
Raffel, C., et al.(2020). Exploring the limits of transfer learning with a unified text-to-text transformer. *Journal of machine learning research*, 21(140), pp.1-67, https://jmlr.org/papers/v21/20-074.html
Vaswani, A., et al.(2017). Attention is all you need. *Advances in Neural Information Processing Systems*, 30, https://papers.nips.cc/paper_files/paper/2017/hash/3f5ee243547dee91fbd053c1c4a845aa-Abstract.html

03
대규모 멀티모달 모델

LMM은 다양한 유형의 데이터를 동시에 처리할 수 있는 인공지능 모델로, 기존 단일 모달리티 AI 및 LLM의 한계를 극복하고 있다. 텍스트, 이미지, 오디오, 영상, 센서 데이터를 통합적으로 학습함으로써 더욱 정교한 분석과 생성이 가능해졌으며, 이는 미디어, 제조, 의료 등 다양한 산업에서 혁신을 주도하고 있다. LMM의 기본 개념과 기술적 도전 과제, 그리고 산업별 활용 사례를 살펴보고, 미래 전망을 분석하고자 한다.

AI와 난임 극복?

텍스트와 비주얼의 융합: LMM의 등장

LMM(Large Multimodal Model)은 텍스트, 이미지, 오디오, 영상 등 여러 형태의 데이터를 통합적으로 학습하고 추론하는 초거대 인공지능 모델이다. 이는 기존의 대규모 언어 모델(LLM)이 방대한 텍스트 데이터의 이해와 생성에 특화되어 있었다는 점에서 한 걸음 더 나아간 개념으로, 멀티모달 정보를 처리하는 대형 모델을 의미하며, 멀티모달 대규모 언어 모델(MLLM, Multimodal Large Language Model)로 불리기도 한다. LMM은 모달리티별 인코더, 멀티모달 트랜스포머 모델, 크로스 모달 융합 모듈 등을 활용해 텍스트 이외의 다양한 데이터 유형을 포괄적으로 처리할 수 있으며, 이를 통해 보다 정교한 분석과 풍부한 콘텐츠 생성을 가능하게 한다.

이러한 LMM의 등장은 멀티모달 AI(Multimodal AI)의 발전 흐름과 밀접하게 연관되어 있다. 멀티모달 AI란 서로 다른 모달리티(Modality)의 데이터를 동시에 처리하고, 그 관계를 심층적으로 이해하며, 결합된 정보를 바탕으로 더욱 정교한 추론을 수행하는 인공지능 기술을 의미한다. 여기서 '모달리티'란 데이터의 유형 또는 표현 방식을 의미하며, 대표적으로 텍스트, 이미지, 오디오, 영상, 센서 데이터 등이 포함된다. 각 모달리티는 고유한 특성을 가지며, 이를 효과적으로 통합하는 것이 멀티모달 AI의 핵심 과제 중 하나다. 텍스트 설명과 이미지를 함께 분석하는 시각 언어 모델(Visual-Language Model)이나, 음성과 텍스트를 동시에 학습하는 오디오-언어 모델이 멀티모달 AI의 대표적인 예라 할 수 있다. 앞서 언급한 것처럼 멀티모달 AI는 일반적으로 모달리티별 인코더, 크로스 모달 융합 모듈, 디코더로 구성된다. 모달리티별 인코더는 각 데이터 유형의 특징을 추출하고, 크로스 모달 융합 모듈은 서로 다른 모달리티에서 얻은 정보를 통합하며, 디코더는 이를 바탕으로 최종 출력을 생성하는 역할을 한다. 이는 마치 인간이 시각, 청각, 촉각 등 여러 감각 기관을 통해 정보를 종합적으로 이해하는 방식과 유사하다. 예를 들어, 사용자가 음성과 텍스트를 동시에 입력해 AI와 상호작용할 때, LMM은 두 가지 정보를 통합적으로 분석함으로써 더욱 정확하고 맥락에 맞는 응답을 생성할 수 있다. 이러한 구조를 통해 멀티모달 AI는 인간의 다양한 감각 정보를 종합적으로 처리하는 방식과 유사한 학습 및 추론 능력을 갖추게 된다. 기존의 단일 모달리티 모델도 일부 모달 간 연관성을 학습하는 방식이 존재했으나, LMM은 보다 통합적이고 정교한 방식으로 여러 정보를 상호 보완적으로 활용해 새로운 가치 창출이 가능하다는 점에서 주목받고 있다.

즉, LMM은 멀티모달 AI의 핵심 개념과 LLM의 탁월한 언어 처리 능력을 결합한 결과물이라 할 수 있다. 초기 LLM이 자연어 처리 분야에서 혁신을 일으키며 다양한 비즈니스와 연구 영역에서 활용되었다면, 이제는 이미지, 오디오, 비디오 등 비텍스트 데이터를 포함하는 더욱 광범위한 분야에서도 고도화된 인공지능 모델이 요구되고 있다. LMM은 이러한 시대적 흐름 속에서, 텍스트 기반의 한계를 넘어 다양한 모달리티 간의 상호작용을 포괄적으로 이해하고 결합함으로써 보다 풍부한 정보와 맥락을 처리할 수 있도록 발전하고 있다. 이는 단순히 모델의 규모 확장을 의미하는 것이 아니라, 멀티모달 융합 방식, 새로운 학습 기법 및 효율적인 정보 통합 전략을 포함하는 근본적인 패러다임 전환을 시사한다는 점에서 중요한 의미를 갖는다.

멀티모달 AI의 발전 과정

멀티모달 AI는 자연어 처리와 컴퓨터 비전(CV)을 결합하는 과정에서 단계적으로 발전해 왔다. 가장 먼저 등장한 1세대 텍스트 중심 AI(Pre-Multimodal Era)는 주로 단일 모달리티인 텍스트에 집중해 자연어 이해와 생성

능력을 고도화했다. 이 시기의 대표적인 LLM으로는 버트와 GPT-2 등이 있으며, 이들 모델은 대규모 텍스트 코퍼스를 바탕으로 질의응답, 텍스트 분류, 기계 번역 등 다양한 자연어 처리 태스크에서 뛰어난 성능을 보여 주었다. 그러나 이들은 텍스트 이외의 모달리티, 즉 이미지나 음성 데이터 등을 처리하는 데에는 한계가 분명했으며, 멀티모달 문제를 다루기에는 적합하지 않았다.

이어서 등장한 2세대 멀티모달 AI의 등장(Multimodal Emergence) 단계에서는 텍스트와 이미지를 결합해 학습하는 모델들이 본격적으로 주목받기 시작했다. 오픈AI의 클립(CLIP, Contrastive Language-Image Pretraining), 구글의 얼라인(ALIGN), 딥마인드의 플라밍고(Flamingo) 같은 모델들이 대표적이며, 이들은 텍스트와 이미지 간의 연관성을 대규모로 학습함으로써 이미지 캡셔닝, 시각적 질의응답(VQA) 등의 태스크에서 기존보다 훨씬 높은 성능을 달성했다. 이를 통해 단일 모달리티만을 다루던 AI 모델이 텍스트와 이미지라는 이중 모달리티를 처리할 수 있게 되면서 멀티모달 AI의 잠재력이 입증되었다. 다만 이 시기의 모델들은 텍스트-이미지 결합에 주로 초점을 맞추고 있어, 오디오나 영상 등 다양한 모달리티를 모두 포괄하기에는 여전히 한계가 있었다.

최근에는 3세대인 LMM의 확장 단계로 나아가면서, 여러 모달리티를 동시에 처리하고 분석할 수 있는 모델들이 새롭게 부상하고 있다. LMM은 기존 LLM의 우수한 텍스트 처리 능력을 유지하면서도 이미지, 오디오, 영상뿐만 아니라 센서 데이터, 생체 신호, 시뮬레이션 데이터 등 다양한 비텍스트 데이터를 통합적으로 분석할 수 있는 방향으로 발전하고 있다. 구체적으로는 텍스트, 이미지, 오디오, 센서 데이터 등 각 데이터 유형을 개별적으로 처리하는 인코더를 통해 특징을 추출하고, 이를 단일 표현 공간에서 융합해 멀티모달 간의 상호작용을 학습한 뒤, 디코더를 통해 텍스트, 이미지, 오디오, 센서 기반 예측 등의 다양한 출력을 생성한다. 이러한 구조를 통해 LMM은 각 모달리티가 지닌 정보를 종합적으로 활용함으로써 사람의 다양한 감각 정보뿐만 아니라 기계나 환경에서 수집되는 데이터를 통합적으로 처리하는 방식에 한층 더 가까워졌다. 결국 3세대 LMM의 등장은 텍스트 중심 AI의 한계를 극복하고 멀티모달 AI의 잠재적 가능성을 극대화함으로써, 보다 정교하고 풍부한 정보 처리와 추론을 가능하게 했다는 점에서 중요한 의미를 지닌다.

LMM의 다양한 기능들

LMM이 수행할 수 있는 태스크는 크게 인식, 추론, 생성의 세 가지 범주로 나눌 수 있다. 인식(Perception) 능력이란 이미지나 영상 속에 포함된 사물, 상황, 텍스트 등을 정밀하게 식별하고 구분해 내는 능력을 의미한다. 추론(Reasoning) 능력은 이렇게 식별된 시각 정보와 다양한 배경지식을 결합해 질문에 답하거나 미래를 예측하는 복합적 사고 과정을 가리킨다. 마지막으로 생성(Generation) 능력은 주어진 데이터를 바탕으로 완전히 새로운 이미지나 텍스트를 만들어 내는 창의적 기술을 뜻한다.

먼저, 인식 능력에서 LMM은 이미지나 영상을 분석해 객체를 감지하고 분류하는 시각 인식, 문서 내 텍스트를 추출하는 OCR, 복잡한 시각적 패턴을 분석해 의미를 도출하는 이미지 캡셔닝 등의 태스크를 수행할 수 있다. 또한, 음성 데이터를 분석해 의미를 이해하는 음성 인식, 다양한 센서 데이터를 분석해 환경을 평가하는 센서 데이터 분석 등의 기능도 포함된다. 이러한 기능은 자율주행, 보안 감시, 스마트 시티 구축 등 다양한 실무 환경에서 활용될 수 있다.

다음으로 추론 능력에서 LMM은 단순한 인식 기능을

넘어 데이터 간의 관계를 분석하고 의미를 도출하는 역할을 수행한다. 예를 들어, 시각적 질의응답은 이미지와 함께 주어진 질문을 이해하고 논리적 답변을 생성하는 기능을 포함하며, 시각 상식 추론은 이미지 속 객체나 상황을 기반으로 일반적인 상식을 결합해 결론을 도출하는 능력을 의미한다. 또한, 물리적 환경 내에서 로봇이 스스로 의사 결정을 내리는 체화 지능(Embodied Intelligence)도 LMM이 제공할 수 있는 중요한 기능 중 하나로, 로봇 공학 및 자동화 시스템에 적용될 수 있다.

마지막으로 생성 능력 부분에서 LMM은 기존 데이터를 기반으로 새로운 콘텐츠를 창출하는 역할을 수행한다. 대표적으로 텍스트에서 이미지를 생성하는 T2I (Text-to-Image) 모델은 예술, 디자인, 광고 등에서 활용되며, 영상 생성 모델은 영화, 애니메이션, 교육 자료 제작 등에 적용될 수 있다. 또한, 음성 합성 및 음악 생성 모델은 가상 아나운서, 오디오북 제작, 음악 작곡 등에 활용되며, 멀티모달리티를 결합한 생성 기능을 통해 더욱 정교한 멀티미디어 콘텐츠 제작이 가능하다.

LMM의 발전과 함께 이러한 태스크를 수행하는 파운데이션 모델들도 지속적으로 진화하고 있다. 오픈AI의 GPT-4V와 최근 발표된 GPT-4o는 텍스트, 이미지, 오디오를 동시에 처리하는 멀티모달 AI의 대표적인 예다. 구글 딥마인드의 제미나이(Gemini) 1.5는 대규모 콘텍스트를 처리할 수 있는 확장된 구조를 갖추고 있으며, 앤트로픽의 클로드(Claude) 3는 고급 시각 이해 능력을 갖춘 모델로 평가된다. 마이크로소프트의 코스모스(Kosmos)-2는 텍스트와 이미지를 자연스럽게 융합하는 능력을 강화했으며, 딥마인드의 플라밍고(Flamingo)는 시각적 질의응답과 이미지 캡셔닝을 위한 최적화된 구조를 가지고 있다. 또한, 알리바바의 큐웬(Qwen)-VL, 딥시크의 딥시크(DeepSeek)-VL2 등 오픈소스 기반의 새로운 모델들도 활발히 개발되고 있다. 이러한 모델들은 자연어 처리와 컴퓨터 비전 기술을 효과적으로 결합해 의료, 금융, 교육, 엔터테인먼트 등 다양한 산업에서 활용되고 있으며, 앞으로도 성능 향상과 새로운 응용 분야가 지속적으로 확장될 것으로 전망된다.

LMM의 기술적 도전 과제

LMM은 전술한 바와 같이 텍스트, 이미지, 오디오, 비디오 등 다양한 모달리티의 데이터를 학습하고 활용할 수 있는 강력한 인공지능 모델이다. 그러나 이러한 강력한 기능을 구현하는 과정에서 여러 기술적 도전 과제가 발생한다. 특히, 멀티모달 데이터의 품질과 정렬 문제, 크로스 모달 추론의 한계, 연산량과 모델 최적화 등의 요소는 LMM의 성능을 결정짓는 핵심 과제다. 이 장에서는 LMM이 직면한 주요 기술적 이슈에 대해 살펴본다.

먼저 멀티모달 데이터 측면에서 LMM이 효과적으로 작동하기 위해서는 텍스트, 이미지, 오디오, 비디오 등 다양한 모달리티의 고품질 데이터가 필수적이다. 그러나 이러한 멀티모달 데이터를 수집하고 정제하는 과정에서 여러 기술적 문제들이 발생한다. 대표적인 난제로는 멀티모달 데이터의 전처리 및 정제의 어려움, 데이터세트의 불균형, 모달리티 간 정렬 문제를 꼽을 수 있다.

멀티모달 데이터의 전처리 및 정제의 어려움의 경우, 멀티모달 데이터는 서로 다른 형식과 구조를 지니므로 이를 표준화하고 일관된 방식으로 전처리하는 작업 자체가 복잡하다. 예를 들어, 텍스트 데이터는 자연어 처리 기법을 통해 불필요한 정보를 제거하고 특정 형식으로 정제해야 하며, 이미지나 오디오 데이터는 해상도나 음질 등 품질을 보정하고 노이즈를 제거하는 절차가 필요하다. 특히, 여러 출처에서 수집된 데이터는 형식이 제각각이거나 일부가 누락될 가능성이 높아 이를 효과적으로 통합하고 일관성 있게 관리하는 것이 중요하다.

데이터세트의 불균형 문제는 멀티모달 학습에서 빈번하게 발생하는 문제 중 하나다. 실제로 텍스트 데이터는 상대적으로 풍부하게 확보될 수 있지만, 이미지나 비디오, 오디오 데이터의 양은 이를 따라가지 못하는 경우가 많다. 특정 모달리티의 데이터가 부족할 경우, LMM은 충분한 학습을 수행하지 못해 특정 모달리티에 대한 성능이 저하되거나 편향된 결과를 내놓을 가능성이 커진다. 이러한 문제를 완화하기 위해 데이터 증강이나 합성 데이터 생성 기법이 활용되고 있지만, 여전히 균형 잡힌 대규모 멀티모달 데이터세트를 확보하는 일은 쉽지 않은 과제로 남아 있다.

또한 모달리티 간 정렬 문제 역시 LMM의 학습 과정에서 중요한 장애 요인으로 작용한다. 예를 들어, 특정 영상 속 장면과 이를 묘사하는 텍스트가 시간축 또는 내용적으로 정확히 일치하지 않을 경우, 모델이 장면과 텍스트 간의 실제 의미 관계를 올바르게 학습하기 어려워진다. 특히 이미지와 자연어가 의미적으로 완벽히 대응되지 않으면, 모델이 잘못된 연관성을 습득하거나 오해를 일으킬 소지가 커진다. 이를 해소하기 위해서는 정교한 데이터 매칭 알고리즘을 개발하거나, 자동 정렬 기법을 통해 시공간적 · 내용적 정합성을 높이는 노력이 필수적이다.

다음으로 크로스 모달 추론 능력의 한계 측면에서, LMM은 텍스트, 이미지, 오디오, 영상 등 다양한 형태의 데이터를 결합해 분석하고 새로운 정보를 생성하도록 설계되어 있지만, 여전히 크로스 모달 추론 과정에서 극복해야 할 여러 도전 과제가 존재한다. 가장 먼저 지적될 수 있는 문제는 서로 다른 모달리티 간의 의미 정합성을 확보하기가 쉽지 않다는 점이다. 텍스트와 이미지, 오디오와 영상처럼 각각 다른 구조와 의미 체계를 지닌 데이터 유형 간에는 동일한 개념을 표현하더라도 그 방식이 상이하다. 즉, 텍스트가 묘사하는 의미와 이를 시각적으로 나타내는 이미지가 완벽히 일치하지 않으면, 모델이 두 모달리티 간의 올바른 연관성을 학습하기 어려워진다.

이와 함께 크로스 모달 추론 기술 자체가 아직 충분히 성숙하지 못하다는 점도 문제로 지적된다. LMM은 텍스트와 이미지, 오디오 등의 정보를 합성해 새로운 결과물을 만들어 낼 수 있지만, 복잡한 개념을 종합적으로 해석하거나 심층적인 추론을 요구하는 작업에는 한계를 드러낸다. 특히, 한 모달리티에서 얻은 단서를 바탕으로 다른 모달리티에서 발생할 상황이나 가능성을 정확하게 예측 · 추론하는 능력은 여전히 미흡하며, 이는 LMM이 복잡한 개념을 다루거나 심층적인 추론을 수행해야 할 때 명확한 한계를 드러내는 요인이 된다. 이에 대응하기 위해 보다 정교한 인코딩 기법과 최적화 전략, 나아가 멀티모달 지식 그래프나 연관성 강화 학습 같은 첨단 기술들이 활발히 연구되고 있는 추세다.

한편, LMM은 텍스트, 이미지, 오디오, 비디오 등의 데이터를 동시에 처리해야 하므로 전통적인 AI 모델에 비해 훨씬 높은 연산량을 요구한다. 이러한 특성은 학습과 추론 과정에서 막대한 자원 소모로 이어져 실시간 데이터 처리 같은 응용 분야에서 모델 사용을 제한하는 중요한 제약 요인으로 작용한다. 특히 대규모 멀티모달 데이터를 학습할 경우, 고성능 그래픽처리장치(GPU)나 텐서처리장치(TPU) 같은 전문 하드웨어 자원이 필수적이며, 모델의 규모와 복잡성이 커질수록 훈련 및 추론 속도가 저하되거나 비용이 급증할 수 있다.

이와 같은 문제를 극복하기 위해서는 모델 압축 기법, 분산 병렬 처리, 프루닝(Pruning) 같은 다양한 최적화 기술이 고려되어야 한다. 모델 압축 기법은 메모리 사용량과 연산량을 줄여 추론 속도를 높이고, 분산 병렬 처리는 여러 노드에서 작업을 나누어 처리함으로써 전체 학습

시간을 단축할 수 있다. 프루닝은 모델 내부에서 상대적으로 중요도가 낮은 가중치나 뉴런을 제거해, 성능 손실을 최소화하면서도 구조를 간소화하는 방법이다.

그러나 이러한 최적화 기술을 적용하더라도 실시간 응용 환경에서의 LMM 활용에는 여전히 많은 제약이 따른다. 실시간 분석이나 상호작용이 필요한 시스템에서는 빠른 응답 속도와 낮은 지연 시간이 필수적이므로, 하드웨어 최적화나 모델 경량화 기술 등 추가적인 접근이 요구된다.

LMM의 비즈니스 활용

LMM은 다양한 산업에서 혁신적인 변화를 이끌고 있으며, 텍스트, 이미지, 오디오, 영상, 센서 및 시뮬레이션 데이터 등 복합적인 모달리티를 처리하는 능력을 바탕으로 새로운 비즈니스 기회를 창출하고 있다.

미디어 콘텐츠 산업에서 LMM은 콘텐츠 제작 자동화와 창의적 미디어 생성에 활용된다. 예를 들어, 텍스트에서 이미지를 생성하는 T2I(Text-to-Image) 모델과 텍스트에서 영상을 생성하는 T2V(Text-to-Video) 모델이 광고, 영화, 게임 개발 등에 적용된다. 이를 통해 간단한 설명만으로도 광고 비주얼을 자동 생성하거나, 스토리보드 작성 없이 영상 제작이 가능해진다. 또한, 영상의 품질을 향상하는 초해상도(Super-Resolution) 기술과 특정 아트 스타일을 적용하는 스타일 트랜스퍼(Style Transfer) 기술도 LMM을 통해 자동화될 수 있다.

제조업에서는 품질 검사, 이상 탐지, 예측 유지 보수(Predictive Maintenance)뿐만 아니라 3D 모델링과 제품 디자인 아이디어 생성에도 활용되고 있다. 예를 들어, 생산 라인에서 수집된 영상 데이터를 분석해 제품의 결함을 감지하는 시스템이 도입되고 있으며, 이를 통해 불량률을 낮추고 품질을 개선할 수 있다. 센서 데이터를 활용해 기계의 상태를 분석하고, 이상 신호를 감지하는 예방 유지 보수 기술이 발전하면서, 제조업체들은 장비 고장 이전에 문제를 예측하고 조치를 취할 수 있다. 아울러, LMM은 3D 모델링을 통해 새로운 제품 디자인을 자동 생성할 수 있으며, 이미지와 텍스트 데이터를 조합해 설계 초기 단계에서 혁신적인 아이디어를 도출하는 데 도움을 준다. 이를 통해 제품 개발 주기를 단축하고, 제조업체들이 보다 창의적인 제품을 설계할 수 있도록 지원한다.

의료 분야에서는 LMM이 의료 영상 분석, 진단 지원, 의료 기록 자동 요약 등의 기능을 수행한다. MRI, CT, 엑

스레이 등 의료 영상 데이터를 분석하는 데 컴퓨터 비전과 자연어 처리가 결합되어 방사선 판독을 자동화하는 기술이 발전하고 있다. 또한, 생체 신호 데이터를 분석해 질병을 조기에 감지하는 시스템이 개발되고 있으며, 이를 통해 환자의 ECG(심전도), EEG(뇌파) 데이터에서 이상 징후를 탐지하는 데 활용된다. 의료 챗봇은 환자의 증상을 분석해 기초적인 의료 상담을 제공하며, 이는 자연어 이해(NLU)와 음성 인식(STT) 기술이 적용된 대표적인 사례다.

금융 산업에서 LMM은 시장 예측, 리스크 분석, 이상 거래 탐지 등의 기능을 수행할 수 있다. 금융 보고서, 뉴스 기사, 주가 차트, 기업 재무 데이터를 분석하는 멀티모달 AI 시스템이 도입되면서, 금융 데이터의 패턴을 분석하고 향후 시장 변동성을 예측하는 기술이 주목받고 있다. 예를 들어, 텍스트 기반의 뉴스 분석과 그래픽 데이터를 결합해 주가 변동성을 예측하는 AI 트레이딩 시스템이 개발되고 있으며, 오디오 데이터를 활용한 실시간 투자 분석도 가능해지고 있다. 사기 탐지 시스템에서는 이미지(신분증, 문서), 텍스트(거래 내역), 영상(보안 카메라 영상) 등 다양한 데이터를 조합해 의심스러운 패턴을 감지하는 기술이 적용된다.

교육 분야에서는 LMM을 활용한 맞춤형 학습 시스템이 발전하고 있다. 주로 학생이 입력한 질문을 이해하고 관련된 개념을 포함한 학습 자료를 생성하는 AI 튜터 시스템이 개발되고 있으며, 시각적 학습이 필요한 과목에서는 텍스트를 이미지나 영상으로 변환하는 기능이 활용된다. 이와 함께 수학 개념을 그래픽으로 시각화하거나, 화학 실험 과정을 가상 시뮬레이션으로 제공하는 시스템이 등장하고 있다.

이 외에도 자율주행, 보안, 스마트 시티 등 다양한 산업에서 LMM의 활용 가능성이 확대되고 있다. 자율주행 차량에서는 이미지, 레이더, 라이다(LiDAR) 등의 센서 데이터를 실시간으로 분석해 도로 상황을 판단하고 안전한 주행 경로를 생성하는 기능이 발전하고 있다. 보안 분야에서는 얼굴 인식, 행동 패턴 분석을 통해 출입 보안 시스템을 강화하고, 멀티모달 데이터를 활용해 사이버 보안을 개선하는 기술이 도입되고 있다. 스마트 시티에서는 교통 흐름을 최적화하거나 공공 안전을 모니터링하는 데 LMM이 활용되며, 이를 통해 실시간 도시 데이터 분석 및 효율적인 인프라 운영이 가능해지고 있다. 향후 LMM은 다양한 산업에서 새로운 비즈니스 모델을 창출하며, 보다 정교하고 자동화된 시스템으로 발전할 것으로 예상된다.

참고문헌

Caffagni, D., et al.(2024.2.19). The revolution of multimodal large language models: A survey. *ArXiv*, https://arxiv.org/abs/2402.12451

Lu, H., et al.(2024.3.8). Deepseek-vl: towards real-world vision-language understanding. *ArXiv*, https://arxiv.org/abs/2403.05525

OpenAI(2023.9.25). GPT-4V(ision) system card, https://openai.com/index/gpt-4v-system-card/

OpenAI(2024.5.13). Hello GPT-4o, https://openai.com/index/hello-gpt-4o/

Peng, Z., et al.(2023.6.26). Kosmos-2: Grounding multimodal large language models to the world. *ArXiv*, https://arxiv.org/abs/2306.14824

Wang, J., et al.(2024.8.2). A comprehensive review of multimodal large languagemodels: Performance and challenges across different tasks. *ArXiv*, https://arxiv.org/abs/2408.01319

Xu, P., et al.(2023). LVLM-eHub: A comprehensive evaluation benchmark for large vision-language models. *ArXiv*, https://arxiv.org/abs/2306.09265

Yin, S., et al.(2023.6.23). A survey on multimodal large language models. *ArXiv*, https://arxiv.org/abs/2306.13549

Zhang, D., et al.(2024.1.24). MM-LLMs: Recent advances in multimodal large language models. *ArXiv*, https://arxiv.org/abs/2401.13601

04
T2I 모델

한 줄의 텍스트 입력만으로 독창적이고 사실적인 이미지를 생성할 수 있는 시대가 열렸다. 텍스트-이미지 변환(Text to Image, T2I) 모델은 사용자의 텍스트 입력을 바탕으로 고품질의 이미지를 생성하는 기술로, 다양한 산업에서 빠르게 활용되고 있다. 예술적 창작뿐만 아니라 광고, 교육, 콘텐츠 제작 등 여러 분야에서 실질적인 변화를 이끌며, AI의 발전과 함께 더욱 정교한 형태로 진화하고 있다. T2I 모델의 원리, 기술적 발전, 활용 사례 및 미래 전망을 종합적으로 살펴본다.

AI와 사주?

T2I 모델이란

텍스트 이미지 변환(Text to Image, T2I) 모델은 텍스트 입력을 바탕으로 이미지를 생성하는 인공지능 기술이다. 다양한 기술적 발전을 거듭하고 있으며, 자연어 처리와 딥 러닝 기반 이미지 생성 모델을 활용해 사용자 설명에 적합한 이미지를 생성한다.

T2I는 사용자가 제공하는 텍스트 설명을 해석하고 핵심 개념을 추출해, 이를 시각적인 요소로 변환하는 방식이다. 주요 원리는 딥 러닝 기반 확률적 생성 모델이며, 대량의 이미지-텍스트 데이터세트 학습을 통해 패턴과 관계를 학습해 이미지를 생성한다(Saharia et al., 2022).

T2I 모델은 크게 핵심 기술인 자연어 처리와 이미지 생성 모델을 활용한다. 자연어 처리는 입력된 문장 분석과 의미를 이해하고, 이미지 생성 모델은 생성적 적대 신경망(GAN), 변분 오토인코더(VAE), 및 트랜스포머 기반 모델 등을 활용한다. 최근에는 멀티모달 모델을 활용한 T2I 모델도 연구되고 있으며, 이는 텍스트뿐만 아니라 음성, 영상 등 다양한 입력 데이터를 기반으로 이미지를 생성한다(Zhao et al., 2024).

T2I 모델의 종류와 상용 모델

다양한 기술적 접근 방식이 등장하면서 사용자 접근성이 크게 개선되고 있다.

GAN은 생성자(Generator)와 판별자(Discriminator)로 구성된 신경망 구조를 기반으로 작동한다. 생성자는 실제 데이터와 유사한 이미지를 생성하도록 학습하며, 판별자는 생성된 이미지와 실제 이미지를 구별하는 능력을 키운다. 이 두 모델이 서로 적대적으로 경쟁하며 학습하는 과정에서, 생성자는 점차 더 현실적인 이미지를 생성하게 된다.

GAN 기반 모델은 고해상도의 사실적인 이미지 생성이 강점이며, 대표적으로 스택 GAN(StackGAN), 어텐션 GAN(AttnGAN) 등이 있다. 그러나 생성자와 판별자의 학습 속도 불균형, 손실 함수 설계 문제 등으로 인해 학습이 불안정할 수 있으며, 특정 유형의 이미지만 반복적으로 생성하는 모드 붕괴(Mode Collapse) 문제가 발생할 수 있다.

이러한 GAN의 한계를 극복하기 위해 등장한 디퓨전(Diffusion) 모델은 노이즈 추가 및 제거 과정을 통해 이미지를 생성하는 방식을 채택했다. 입력 이미지에 점진적으로 노이즈(Noise)를 추가한 뒤, 이를 단계적으로 제거하며 최종적인 이미지를 완성하는 방식이다. 대표적인 모델로 달리(DALL-E), 스테이블 디퓨전(Stable Diffusion), 이마젠(Imagen) 등이 있으며, 각 모델은 고유한 아키텍처를 기반으로 동작한다.

현재 시장에는 다양한 상용화 모델이 존재하며, 각 모델은 기술적 접근 방식과 사용자 경험에서 차이를 보인다. 이를테면, 달리는 창의적이고 추상적인 이미지 생성에 강점을 가진 모델이며, 스테이블 디퓨전은 오픈소스 기반으로 고해상도 이미지 생성 및 유연한 커스터마이징이 가능하다. 이외에도 미드저니(Midjourney), 파이어플라이(Firefly), 이마젠, 레크래프트(Recraft) V3, 플럭스(FLUX), 이디오그램(Ideogram) 등이 있으며, 각 모델은 독창적인 기능과 차별화된 특징을 갖추고 있다(PageOn.ai, 2025 ; Griffith, 2025).

활용 사례와 미래 전망

T2I 모델을 활용한 생성물은 SNS, 웹사이트, 디지털 콘텐츠 등에서 흔히 볼 수 있으며, 창의적인 콘텐츠 제작에 널리 활용되고 있다. 그뿐만 아니라 예술 · 디자인 · 마케팅 · 교육 등 다양한 분야에서 생산성을 높이고, 창작 과정을 혁신하며 적극적으로 사용되고 있다.

T2I 모델은 예술 및 디자인 분야에서 창작자들에게 새로운 영감을 제공하고, 신속하게 아이디어를 시각화할 수 있도록 돕는다. 특히 콘셉트 아트, 일러스트레이션, 그래픽 디자인 등의 작업에서 예술가와 디자이너가 창작을 위한 아이디어를 발전시키거나 보다 정교한 시각적 표현을 구현하는 데 유용하다. 광고 및 마케팅에서도 브랜드 캠페인에 맞춰 시각적 자료를 자동으로 생성할 수 있어 기획 단계에서 시간과 비용 절감에 기여한다. 특히 콘텐츠 제작, 고객 세분화 등의 역할을 수행해 빠르고 효율적인 마케팅이 가능하며, 대략 데이터 분석을 기반으로 맞춤형 타기팅을 통해 개인화된 광고 경험을 제공할 수 있다.

게임 및 엔터테인먼트 산업에서는 게임 캐릭터 생성, 배경 디자인, 아이템 디자인, 스토리보드 제작 등 다양한 게임 제작 프로세스를 혁신하고 있다. T2I 모델을 활용하면 다양한 포즈, 조명 조건에서 재맥락화가 가능하고, 프롬프트 기반으로 캐릭터의 색상, 의상, 헤어스타일 등을 조정할 수 있어 창작의 자유도가 높아진다. 또한 게임 내 배경, 아이템, 캐릭터 생성 시 다양한 스타일의 아트를 보다 쉽게 제작할 수 있도록 지원할 수 있다(Guo et al., 2023).

의료 및 교육 분야에서도 T2I 모델은 의료 영상 분석, 학습 자료 생성, 교육 콘텐츠 개발 등에서 유용하게 활용될 수 있다. 의료 분야에서는 환자의 약물 복용 준수율을 향상하는 데 도움을 주며, 의료 영상 분석을 보조하는 기능을 강화할 수 있다. 교육 분야에서는 역사적 사건을 재현하거나 과학 개념을 시각화 자료를 자동으로 생성해 학습자의 이해도를 높이고, 몰입감 있는 교육 콘텐츠 제작이 가능해진다.

앞으로 T2I 모델은 더욱 발전해 사용자 맞춤형 이미지 생성, 상호 작용형 콘텐츠 제작, 몰입형 환경 조성 등의 방향으로 나아갈 것으로 기대되며, 다양한 산업에서 보다 정교한 활용이 이뤄질 것으로 예상된다.

개별 사용자의 스타일을 반영한 맞춤형 이미지 생성이 가능해지고, 텍스트 기반 스타일 조정 기능이 향상되어 직관적인 조작이 가능해질 것이다. 또한, 가상현실(VR)/증강현실(AR)과의 융합을 통해 몰입형 콘텐츠 제작 기능과 실시간 이미지 변환 및 조작 기능이 추가되면서 상호작용형 제작 방식이 더욱 발전할 것으로 전망된다(Liang et al., 2023).

T2I 모델의 한계와 윤리성

T2I 모델이 발전함에 따라, 기술적 · 윤리적 문제에 대한 논의도 활발하게 진행되고 있다. 생성 품질의 한계, 데이터 편향성, 저작권 침해, 악용 가능성 등의 문제가 대두되며 이에 대한 해결 방안이 필요하다.

T2I 모델의 주요 한계점 중 하나는 생성 품질과 일관성 부족이다. 이미지 내 텍스트 생성 시 철자 오류가 빈번하게 발생하며, "Hello"를 "HeLIO"와 같이 왜곡된 형태로 표현하는 경우가 많다. 이는 AI가 텍스트를 문자로 이해하는 것이 아니라, 패턴 인식 방식으로 처리하기 때문이며, 아직은 이러한 한계를 완벽하게 해결하기 어렵다(임대준, 2024). 또한, 세부 사항을 정확히 표현하는 데 어려움을 겪으며, 미세한 디테일에서 오류가 발생할 가능성이 높다. 데이터 편향성 문제도 중요한 기술적 한계 중 하나다. 학습 데이터에 특정 문화적 · 성별 편향이 포함되어 있을 경우, 특정 인종이나 문화에 대한 표현이 왜곡되거나 불균형하게 나타날 수 있다(IBM, 2023).

T2I 모델의 성능을 평가하는 지표 또한 한계를 지닌다. 일반적으로 사용되는 FID(Frechet Inception Distance)와 클립 스코어(CLIP Score)는 이미지 품질과 텍스트-이미지 정렬성을 평가하는 기준으로 활용되지만, 인간

의 직관적인 평가와 차이가 발생할 수 있다. AI 모델이 생성한 이미지의 품질을 보다 정확하게 측정하기 위해서는 인간 평가를 병행하는 것이 필수적이다(Liang et al., 2023).

윤리적 문제 또한 중요한 이슈다. 기존 이미지를 학습해 새로운 이미지를 생성하는 방식이므로, 저작권 침해 문제가 발생할 가능성이 크다. 특히 특정 아티스트의 스타일을 모방해 생성된 이미지가 원작자의 권리를 침해할 수 있으며, 이에 대한 보상 체계가 마련되지 않은 상태에서는 저작권 관련 법적 분쟁이 발생할 가능성이 있다. 아울러 학습 데이터의 출처가 불분명할 경우 저작권 상태가 명확하지 않은 데이터가 포함될 위험이 있으며, 이러한 문제가 확산될 경우 AI 모델이 불법적인 콘텐츠를 생성하는 데 사용될 가능성도 존재한다(MagicShot, 2024).

악용 가능성도 중요한 우려 사항이다. 딥페이크 기술이 발전함에 따라, 현실과 구별하기 어려운 허위 이미지가 생성될 수 있으며, 이는 가짜 뉴스나 명예 훼손 콘텐츠의 확산을 초래할 가능성이 높다. 또한 AI 모델이 생성한 이미지가 특정 집단을 차별하거나 편향적인 시각을 강화하는 데 사용될 가능성이 있으며, 성적 콘텐츠나 폭

력적인 이미지 생성에 악용될 가능성도 배제할 수 없다(Dilmegani, 2025).

이러한 문제를 해결하기 위해 모델의 신뢰성을 높이고, 윤리적 가이드라인을 강화하는 노력이 필요하다. 기존 T2I 모델의 정확성을 향상하 위해 T2I-어댑터(Adapter) 같은 새로운 기술이 도입되고 있으며(Mou et al., 2023), 텍스트-이미지 정렬성을 개선해 보다 일관된 이미지 생성을 가능하게 하고 있다. 또한 드림부스(DreamBooth) 기반 미세 조정 기술을 활용하면 특정 주체의 고유한 특징을 학습해 보다 개인화된 이미지 생성이 가능해질 것으로 예상된다. 데이터 다양성을 확보하기 위해 구조적 데이터 수집 및 필터링된 데이터세트를 활용하는 연구도 활발히 진행되고 있으며, 이를 통해 데이터 편향성을 완화할 수 있을 것으로 보인다(Guo, 2025).

윤리적 대응 방안으로는 생성 과정의 투명성을 높이기 위한 XAI(Explainable AI, 설명 가능한 AI) 기술이 적극적으로 논의되고 있다. AI 모델이 어떤 과정에서 이미지를 생성했는지 명확하게 설명할 수 있도록 해, 신뢰성을 높이고 책임 있는 AI 개발이 가능하도록 지원하는 것이다. 또한, AI 모델 개발자 및 플랫폼 운영자는 AI 기술이 악용되지 않도록 윤리적 규범을 마련해야 하며, 디퓨저(Diffusers) 윤리 원칙을 기반으로 커뮤니티 가이드라인을 구축하는 등의 노력이 필요하다.

T2I 모델은 지속적인 기술적 개선과 윤리적 대응이 필요한 분야다. 생성 품질을 향상하고 데이터 편향성을 완화하는 연구가 계속 이뤄지고 있으며, 저작권 보호 및 악용 방지를 위한 법적 · 윤리적 프레임워크 마련도 점점 더 중요해지고 있다. 향후 AI 기술이 발전함에 따라 개인화된 이미지 생성이 가능해지고, XAI 기술이 적용되어 생성 과정의 투명성이 확보될 것으로 기대된다.

참고문헌

임대준(2024.3.23). 이미지 생성 AI가 철자법 틀리는 이유… ‘LLM도 실제로 텍스트를 읽지 않는다’. AI타임스, https://www.aitimes.com/news/articleView.html?idxno=158204

Dilmegani, C.(2025.5.8). Generative AI ethics in 2025: Top 6 concerns. *AIMultiple,* https://research.aimultiple.com/generative-ai-ethics/

Griffith, E.(2025.1.31). Tested: The best AI image generators for 2025. *PCMag,* https://www.pcmag.com/picks/the-best-ai-image-generators

Guo, D., et al.(2025.3). Improving faithfulness of text-to-image diffusion models through inference intervention. *Amazon*

Science,
https://www.amazon.science/publications/improving-faithfulness-of-text-to-image-diffusion-models-through-inference-intervention

Guo, Y., et al.(2023.7.10). AnimateDiff: Animate your personalized text-to-image diffusion models without specific tuning. *ArXiv,*
https://arxiv.org/abs/2307.04725

IBM(2023.10.16). 실제 사례를 통해 AI 편향성 조명하기, https://https://www.ibm.com/kr-ko/think/topics/shedding-light-on-ai-bias-with-real-world-examples

Liang, Y., et al.(2023.12.15). Rich human feedback for text-to-image generation. *Proceedings of the IEEE/CVF Conference on Computer Vision and Pattern Recognition*, pp.19401-19411,
https://openaccess.thecvf.com/content/CVPR2024/papers/Liang_Rich_Human_Feedback_for_Text-to-Image_Generation_CVPR_2024_paper.pdf

MagicShot.ai(2024.9.5). Ethical Challenges and Opportunities in AI-Generated Images: A Revolution with Responsibility, https://magicshot.ai/blog/ethical-challenges-in-ai-generated-images/

Mou, C., et al.(2023.2.16). T2I-adapter: Learning adapters to dig out more controllable ability for text-to-image diffuson models. *Proceedings of the AAAI Conference on Artificial Intelligence*, 38(5), pp.4296-4304,
https://dl.acm.org/doi/10.1609/aaai.v38i5.28226

PageOn.ai(2025.5.20). Offline AI image generators: The 10 best picks for 2025,

https://www.pageon.ai/blog/offline-ai-image-generators
Saharia, C., et al.(2022). Photorealistic text-to-image diffusion models with deep language understanding. *Advances in Neural Information Processing Systems,* 35, pp.36479-36494, https://dl.acm.org/doi/10.5555/3600270.3602913
Zhao, R., et al.(2024.9.26). EvolveDirector: Approaching advanced text-to-image generation with large vision-language models. *NeurIPS* 2024, https://openreview.net/forum?id=28bFUt6rUY

05
T2V 모델

최근 구글의 Veo3, 오픈AI의 소라, 메타의 무비젠 같은 인공지능 기반 영상 제작 도구가 등장하면서 단순한 텍스트 입력만으로 사실적인 영상을 만들 수 있게 되었다. T2V 기술은 영화, 광고, 교육 등 다양한 산업에서 주목받고 있으며, 창작의 진입 장벽을 낮춰 더 많은 창작자들이 경제적이고 손쉽게 고품질 영상 콘텐츠를 제작할 수 있는 환경으로 변화하고 있다. T2V 기술의 기본 개념과 원리, 주요 활용 사례, 그리고 해결해야 할 한계점과 윤리적 문제를 살펴본다.

AI와 아이돌?

T2V 기술의 정의와 기본 원리

텍스트 비디오 전환(T2V, Text to Video) 기술은 입력된 텍스트를 분석해 이를 영상으로 변환하는 인공지능 기술이다. 가장 중요한 두 가지 요소는 텍스트를 이해하는 능력과 이를 기반으로 영상을 생성하는 과정이다.

먼저 텍스트 분석 과정에서는 AI가 입력된 문장을 해석하고, 핵심 개념을 추출해 어떤 장면을 만들지 구성한다(Li et al., 2018). 예를 들어 "강아지 한 마리가 공원에서 뛰어 논다"라는 문장이 입력되면, 알고리즘은 '강아지', '공원', '뛰어 논다'라는 요소를 분석하고, 이에 맞는 배경과 움직임을 구성한다. 이후 비디오 생성 과정에서는 알고리즘이 일련의 이미지를 연속적인 장면으로 변환한다(Hong et al., 2022). 이 과정에서 인공지능은 사전 학습된 데이터와 패턴을 활용해 움직임을 자연스럽게 연결한다. 이를 통해 현실적인 동작과 장면이 만들어진다.

최근 연구에서는 시간적 일관성(temporal consistency)을 유지하는 기법이 중요한 개선 요소로 떠오르고 있다(Gupta et al., 2024). 기존 T2V 모델들의 프레임 간 불일관성 문제를 해결하기 위해 크로스-프레임 어텐션(Cross-Frame Attention) 기술을 적용해 이전 프레임의 정보를 현재 프레임에서도 효과적으로 반영하는 방식을 도입했다(Khachatryan et al., 2023). 이처럼 객체와 배경의 구조적 일관성을 유지해 보다 자연스러운 영상 생성이 가능하도록 다양한 연구가 진행되고 있다.

T2V 모델의 종류와 비교

현재 T2V 모델은 크게 생성적 적대 신경망(GAN) 기반 모델, 확산 모델, 트랜스포머 기반 모델로 나눌 수 있다. 각 접근법은 고유한 장점과 단점을 가지고 있으며, 최근에는 이러한 방법들을 융합한 하이브리드 모델도 등장하고 있다.

GAN 모델은 생성자와 판별자로 구성된 네트워크를 활용해 텍스트 설명에 맞는 비디오를 생성한다(Pan et al., 2018). 텍스트를 기반으로 한 이미지 프레임을 생성하고 이를 연결해 움직이는 영상을 만든다. 이 방식의 대표적인 모델로는 TGANs-C(Temporal GANs conditioning on Captions), TiVGAN(Text-to-Image-to-Video Generative Adversarial Network) 등의 모델이 대표적인 GAN 기반 T2V 모델이다(Kim et al., 2020; Yang et al., 2024). 학습 데이터가 충분할 경우 비교적 현실적인 비디오를 생성할 수 있으며, 빠른 샘플링 속도를 갖는다는 장점이 있다. 하지만 이 방식에는 몇 가지 한계가 있다. GAN 기반 모델은 훈련이 어렵고, 종종 특정 패턴만 반복적으로 생성하는 문제가 발생하며, 고해상도 영상에서는 세밀한 디테일을 표현하는 데 어려움이 있다.

이러한 한계를 해결하기 위해 등장한 것이 확산 모델(Diffusion Model)이다. 이 모델은 입력된 텍스트 정보를 바탕으로, 처음에는 무작위한 노이즈가 가득한 상태에서 시작한 후, 이를 점진적으로 제거해 나가면서 선명한 영상을 만들어 내는 방식으로 학습한다(Gupta et al., 2024). 대표적인 모델로는 구글의 이마젠 비디오(Imagen Video), 메타의 메이크어비디오(Make-A-Video)가 있다. 이 모델들은 영상 속 객체의 형태와 색상을 일관되게 유지하면서도 자연스러운 장면 전환을 가능하게 한다.

하지만 GAN 기반 모델보다 학습 과정에서 대규모 연산 자원이 필요하다는 단점이 있고, 여러 프레임을 개별적으로 생성한 후 연결하는 방식이 많아, 장면이 부자연스럽거나 흐름이 끊기는 경우가 발생할 수 있다.

이러한 한계를 극복하기 위해 등장한 것이 트랜스포머 기반 모델이다. 이 모델은 GPT 같은 트랜스포머 아키텍처를 활용해 텍스트에서 비디오를 생성하는 방식으로, 긴 문맥을 이해하고 장기적인 영상 일관성을 유지하는 데 강점을 가진다(Hong et al., 2022). 즉, 비디오의 시간적 흐름을 효과적으로 학습해, 장면 전환이 자연스럽고 논리적인 영상 생성이 가능하게 한다. 그러나 긴 비디오를 생성할 때 계산량이 기하급수적으로 증가하며, 훈련 과정이 복잡하고 비용이 많이 든다는 한계가 존재한다. 이러한 이유로 실시간 비디오 생성이나 상용화에는 강력한 연산 자원이 필요하며, 연산 효율성을 높이기 위한 연구가 지속적으로 진행되고 있다.

최근에는 이러한 개별적인 접근 방식을 넘어 하이브리드 방식의 모델이 등장하고 있다(Yang et al., 2024). 오픈AI의 소라(Sora)가 대표적인 예로, 확산 모델을 기반으로 비디오의 기본 프레임을 생성하고, 트랜스포머 모델을 활용해 장면 간의 일관성을 유지하는 방식으로 작동한다. 이를 통해 기존 모델들이 가지던 한계를 보완하고 더 현실적인 영상 생성이 가능해지고 있다.

이처럼 텍스트 비디오 전환 기술은 과거 GAN 기반 모델에서 시작해 확산 모델과 트랜스포머 모델을 거쳐 하이브리드 방식으로 발전하고 있다. 향후 연산 비용 절감과 더 정교한 컨트롤 기능이 추가된다면, AI 기반 비디오 생성 기술은 더욱 빠르게 실용화될 것으로 보인다.

활용 사례와 미래 전망

T2V 기술은 다양한 산업에서 혁신을 이끌고 있다. 가장 대표적인 분야는 콘텐츠 제작 산업이다. 영화, 애니메이션, 광고 분야에서는 T2V 기술을 활용해 제작 비용을 절감하고, 보다 창의적인 시도를 할 수 있도록 지원하고 있다. 특히 짧은 광고 영상이나 SNS용 콘텐츠 제작에 적합해, 기업들은 이를 활용해 빠르고 효과적인 마케팅을 진행할 수 있다.

T2V 기술은 특히 영상 제작 과정의 사전 시각화(Pre-Visualization) 단계에서 활용할 수 있다. 예를 들어 기존에는 감독과 제작자가 직접 시각적 요소를 설명하고 콘셉트를 시각화하는 데 많은 시간과 비용이 들었지만, 이제는 단순한 텍스트 입력만으로 빠르게 장면을 생성하고 공유할 수 있다. 이를 통해 영화 제작자나 광고 기획자는 보다 쉽게 콘셉트를 공유하고 조정할 수 있으며, 제작의 효율성을 높일 수 있다.

나아가 영상의 일부 장면을 T2V 기술을 통해 제작하는 것도 시도되고 있다(이금준, 2025). 현재는 제작자의 의도를 완벽하게 구현하는 데 제약이 있지만, 이를 보완하기 위해 단계적 접근 방식을 활용하기도 한다. 먼저 텍스트를 통해 원하는 이미지를 구현하고, 이후 이미지를 영상으로 변환하는 것이다. 이를 통해 의도한 장면을 유지하면서 수준 높은 영상을 제작하거나, 의도하거나 기대하지는 않았지만 독창적인 장면을 만들어 냄으로써 시청자들에게 신선한 즐거움을 선사할 수도 있다.

교육 분야에서도 T2V 기술의 활용이 확대되고 있다(Artsi et al., 2025). 역사적 사건을 시각적으로 재현하거나, 과학적 개념을 애니메이션으로 표현하는 등 학습자가 보다 쉽게 이해할 수 있도록 돕는 역할을 한다. 예를 들어 단순한 텍스트 설명 대신 영상으로 복잡한 개념을 시각적으로 전달할 수 있으며, 이는 학습자의 몰입도를 높이고 학습 효과를 극대화하는 데 기여한다. 특히 맞춤형 교육 콘텐츠 제작이 가능해지면서, 개별 학습자의 이해 수준과 선호도에 맞춘 영상 자료를 자동으로 생성할 가능성이 열리고 있다.

게임 산업에서도 T2V 기술의 응용이 점점 늘어나고 있다(Virtuals Protocol, 2024). 게임 개발자는 AI 기반으로 다양한 배경, 캐릭터 애니메이션, 환경 변화 등을 자동으로 생성할 수 있으며, 이를 통해 게임 콘텐츠 제작의 효율성을 높일 수 있다. 또한 텍스트 기반으로 사용자 지정 스토리를 생성하고, 해당 내용을 게임 내에서 실시간으로 영상화하는 기술이 발전하면서 맞춤형 게임 경험을 제공할 가능성도 높아지고 있다.

이 외에도, SNS 콘텐츠 제작, 가상현실(VR) 및 증강현실(AR) 콘텐츠 개발, 디지털 마케팅 및 제품 설명 영상 제작 등 다양한 영역에서 T2V 기술이 적극적으로 활용되고 있으며, 앞으로 더욱 다양한 산업에 적용될 것으로 기대된다.

T2V 기술의 한계점과 윤리적 문제

T2V 기술이 빠르게 발전하고 있지만, 해결해야 할 여러 가지 문제점이 있다. 이러한 문제들은 단순히 기술적 측면뿐만 아니라 윤리적, 법적, 사회적 차원에서도 복잡하게 얽혀 있어 종합적인 접근이 필요하다.

첫째, 기술적 한계가 여전히 존재한다. 현재 AI가 생성하는 영상은 자연스럽게 보이지만, 텍스트 작성 의도를 충분히 표현하지 못하거나 글자나 색상 조정에서 왜곡이 발생할 수 있다. 특히 사람의 얼굴 표정이나 손의 움직임처럼 세밀한 요소는 때때로 부자연스럽게 표현된다. 이를 극복하기 위해서는 보다 정교한 데이터 학습과 알고리즘 개선이 필요하다.

둘째, 윤리적 문제와 프라이버시 침해가 중요한 이슈로 떠오르고 있다(Chen et al., 2024). T2V 기술을 악용해 가짜 뉴스나 허위 정보를 담은 조작된 영상이 만들어질 수 있으며, 특정 인물의 이미지나 음성을 무단으로 사용한 딥페이크 제작도 가능하다(Miao et al., 2024). 이러한 위험에 대응하기 위해 신뢰할 수 있는 인증 시스템과 영상 출처 검증 기술, 그리고 개인정보 보호를 위한 법적 체계가 필수적이다.

셋째, 저작권 및 데이터 사용 문제도 중요하다. AI가 기존 콘텐츠와 유사한 결과물을 생성할 가능성이 있어 저작권 침해로 이어질 수 있다. 또한 학습 데이터세트의 편향이 생성 영상에 반영될 수 있어 법적 규제와 윤리적 지침이 필요하다.

T2V 기술은 콘텐츠 산업에서 혁신적인 역할을 할 것으로 기대되지만, 기술적 한계와 윤리적 문제를 해결하기 위한 노력이 필요하다. 향후 연구는 자연스러운 동작 생성과 함께 악용 방지를 위한 보안 기술 개발 방향으로 진행될 것으로 보인다.

참고문헌

이금준(2025.2.24). AI와 감성의 '특별 만남' … HYNN(박혜원) '영하' MV 비하인드. 전자신문, https://www.etnews.com/20250224000164

Artsi, Y., et al.(2025). Application of AI generated text-to-video in medical education: Systematic review. medRxiv, 2025-02.

Chen, Y., et al.(2025.4). NPVForensics: Learning VA correlations in non-critical phoneme-viseme regions for deepfake detection. *Image and vision computing*, 156, 105461, https://www.sciencedirect.com/science/article/abs/pii/S0262885625000496

Google Veo 3. Veo 3: AI video generation with realistic sound, https://veo3.ai/

Gupta, A., et al.(2024.9). Photorealistic video generation with diffusion models. *European conference on computer vision*, pp.393-411, https://dl.acm.org/doi/10.1007/978-3-031-72986-7_23

Hong, W., et al.(2022.5.29). CogVideo: Large-scale pretraining for text-to-video generation via transformers, https://arxiv.org/abs/2205.15868

Khachatryan, L., et al.(2023.5.23). Text2video-zero: Text-to-image diffusion models are zero-shot video generators. *ArXiv*, https://arxiv.org/abs/2303.13439

Kim, D., et al.(2020.9.4). Tivgan: Text to image to video generation with step-by-step evolutionary generator, *ArXiv*, https://arxiv.org/abs/2009.02018

Li, Y. et al.(2018.2.2). Video generation from text. *Proceedings of the AAAI conference on artificial intelligence*, 32(1), https://dl.acm.org/doi/10.5555/3504035.3504900

Meta AI. Make-A-Video, https://makeavideo.studio/

Miao, Y., et al.(2024.7.8). T2vsafetybench: Evaluating the safety of text-to-video generative models. *ArXiv*, https://arxiv.org/abs/2407.05965

OpenAI. Sora, https://openai.com/sora/
Pan, Y., et al.(2018.4.23). To create what you tell: Generating videos from captions. *ArXiv,* https://arxiv.org/abs/1804.08264
Virtuals Protocol(2024). Video game generation: A practical study using Mario, https://virtual-protocol.github.io/mario-videogamegen/
Wang, J., et al.(2023.8.12). Modelscope text-to-video technical report. *ArXiv,* https://arxiv.org/abs/2308.06571
Yang, Z., et al.(2024.8.12). CogVideoX: Text-to-video diffusion models with an expert transformer. *ArXiv,* https://arxiv.org/abs/2408.06072

06
프롬프트 엔지니어링

프롬프트 엔지니어링은 대규모 언어 모델 같은 인공지능과 사용자 사이의 상호작용 최적화에서 매우 중요한 기술 중 하나다. 사용자가 프롬프트를 어떻게 입력하는가에 따라 LLM이 내놓는 결과물의 품질이 달라질 수 있기 때문에 보다 효과적인 프롬프트의 사용은 인공지능의 성공에서 매우 중요하게 고려되어야 한다. 프롬프트 엔지니어링의 개념과 중요성, 프롬프트의 유형, 효과적인 프롬프트 작성을 위한 기법과 전략, 프롬프트 엔지니어링의 도전 과제에 대해 설명하고자 한다.

AI와 야구?

프롬프트 엔지니어링의 기본 개념 및 중요성

프롬프트 엔지니어링은 대규모 언어 모델의 성능을 최대한 활용하기 위한 전략적이며 창의적인 접근법으로, 모델의 학습된 지식을 최적화하는 데 필수적이다. 프롬프트 엔지니어링은 언어 모델에 입력되는 프롬프트를 설계하고 수정하는 과정을 의미하며, 이를 통해 언어 모델에 명확한 지침을 제공해 모델이 사용자의 특정 의도에 맞는 응답을 생성하도록 하는 기법이다(Wei et al., 2022; Filippi, 2023; Busch et al., 2023).

적절하게 작성되는 프롬프트를 통해 모델의 성능은 크게 달라질 수 있으며, 사용자가 작성한 프롬프트가 모호하거나 불충분할 경우, LLM의 응답은 비일관적이거나 예상치 못한 방향으로 흐를 수 있다. 이를 방지하고 사용자 의도를 충실히 반영하는 응답을 얻기 위해서는 프롬프트 엔지니어링이 필수적이다(Heston & Khun, 2023; White et al., 2023; Aljanabi et al., 2023).

프롬프트는 단순히 LLM에 입력하는 텍스트 지침이 아닌 보다 효율적으로 LLM을 사용하기 위한 LLM의 제어와 행동을 설정하는 프로그램 코드와 같다고 할 수 있다. 전통적인 프로그래밍 코드가 컴퓨터에 특정한 작업을 수행하도록 명령을 내리는 도구인 것과 같이 프롬프트 역시 LLM이 원하는 결과물을 출력하고, 규칙을 적용하고, 프로세스를 자동화하도록 하는 프로그래밍의 일종이라고 할 수 있다. 따라서 프롬프트의 작성에는 전문적인 기법과 전략이 필요하며, 이는 LLM의 이용에서 프롬프트 엔지니어링의 중요성을 의미하는 것이라고 할 수 있다.

효과적인 프롬프트 작성 절차

효과적인 프롬프트의 작성을 위해서는 다음과 같은 사항들을 확인하며 프롬프트를 작성해야 한다.

목표의 정의

첫 번째 단계는 프롬프트를 통해 모델이 생성해야 할 응답을 명확하게 정의하는 것이다. 명확한 목표의 설정은 프롬프트 엔지니어링 전체 과정의 방향성과 목적을 제공하기 때문에 보다 효과적인 프롬프트의 작성이 가능해진다.

언어 모델 능력의 이해

선택한 언어 모델의 성능과 한계를 이해하는 것은 매우 중요한 고려 요인 중 하나다. 모델의 강점과 약점을 파악해 프롬프트를 통해 도출 가능한 결과물의 범위를 확인하는 것이 필요하다. 예를 들어, 해당 모델이 텍스트, 오디오, 이미지 등의 응답을 생성할 수 있는지 등을 파악하는 것이다.

적절한 프롬프트 포맷 선택

명확하고 간결한 프롬프트 형식은 언어 모델의 응답 품질에 매우 큰 영향을 미친다. 따라서 목표와 언어 모델의 성능을 고려한 적절한 프롬프트 포맷을 선택하는 것이 중요하다.

맥락 제공

LLM에 맥락의 제공 없이 응답을 요청하면 일반적이고 일관된 응답을 제공하지만, 맥락의 이해 없이 잘못된 정보의 제공 가능성이 높아진다. 주제, 역할 등의 추가적인 맥락의 이해가 가능한 추가적인 정보를 제공해 목표에 맞는 응답 결과가 도출될 수 있도록 해야 한다.

테스트 및 수정

최종적으로 작성된 프롬프트를 LLM에 입력해 도출된 결과물에 대한 평가를 수행하고 반복적으로 프롬프트를 수정해 가며 원하는 수준의 결과물이 도출될 수 있도록 해야 한다.

프롬프트의 주요 구성 요소

프롬프트의 주요 구성 요소는 지시(Instruction), 맥락(Context), 입력 데이터(Input Data), 출력 지시자(Output Indicator)로 구성되며, 이 네 가지 요소는 LLM이 보다 정확한 응답을 생성하는 데 필수적인 요소다.

지시

LLM에게 수행할 작업을 지시하는 명령을 의미한다. 예를 들어, "파이선 언어로 간단한 두더지 게임 코드를 출력해 줘" 같은 명령 프롬프트를 들 수 있다.

맥락

작업을 이해하는 데 필요한 추가 정보나 배경 정보를 의미한다. 예를 들어, "초등학교 학생들이 이해하기 쉽게 인공지능이 무엇인지 설명하는 글을 작성해 줘"와 같이 '초등학생'이라는 명령의 배경 정보를 추가해 주는 것이다.

입력 데이터

LLM이 작성을 수행하는 데 필요한 특정 정보나 매개 변수를 의미한다. 예를 들어, "파이선 언어로 오늘의 환율 정보를 바탕으로 10달러가 원화로 얼마인지를 출력해 줘"라는 프롬프트에서는 '오늘의 환율 정보', '10달러'가 입력 데이터다.

출력 지시자

LLM이 응답을 어떻게 형식화할 것인지를 지시하는 요소다. 예를 들어, "한국의 최근 10년 동안의 평균기온의 변화를 막대그래프의 형태로 출력해 줘" 같은 프롬프트에서는 막대그래프가 출력 지시가 된다.

프롬프트 엔지니어링 주요 기법

프롬프트 엔지니어링은 텍스트의 요약, 사용자와의 질의응답, 텍스트 분류, 프로그램 코드 생성, 추론, 텍스트 생성, 텍스트 번역, 감정 분석, 텍스트-음성 변환 및 음성-텍스트 변환, 이미지 캡션 생성, 텍스트 기반 게임 플레이, 시, 가사, 소설 등의 창의적 작업, 레시피 생성, 이메일 생성, 이력서 생성, 뉴스 기사 생성, 텍스트 기반 가상 비서, 텍스트 기반 고객 서비스, 텍스트 기반 개인 쇼핑 비서, 텍스트 기반 개인 금융 비서, 텍스트 기반 개인 건강 비서 등 다양한 자연어 처리 작업을 위한 효과적인 프롬프트를 생성하는 데 사용될 수 있다. 효율적으로 이러한 작업을 수행하기 위해서는 기본 및 고급 프롬프트 엔지니어링 기술이 필요하다. 다음은 대표적인 프롬프트 엔지니어링 기법들이다(Wei et al., 2022).

제로샷 프롬프팅과 퓨샷 프롬프팅

제로샷 프롬프팅은 모델이 입력과 출력에 대한 학습 데이터 없이도 주어진 프롬프트를 기반으로 사전에 모델에 학습된 지식을 기반으로 작업을 수행한다. 퓨샷 프롬프팅은 하나 이상의 입력-출력 예시를 모델에 제공해 모델이 주어진 과제를 이해하도록 유도하는 방식이다. 기존의 연구들을 살펴보면 몇 가지의 예시 정보를 제공하는 것으로도 모델의 출력 결과물의 성능이 향상되었음을 확인했다. 다만, 모델에 예시를 제공하는 데 추가적인 토큰이 필요하기 때문에 긴 텍스트의 예시를 제공할 경우 비용이 발생하며, 잘못된 예시의 제공으로 인한 잘못된 정보를 출력할 가능성이 높아지는 한계가 존재한다.

생각의 사슬 프롬프팅

제로샷이나 퓨샷 프롬프팅의 경우 복잡한 문제 해결에는 한계가 존재한다. 이를 해결하기 위해 논리적이고 단계적인 추론 과정을 통해 보다 나은 출력 결과를 도출하도록 하는 기술이 CoT(Chain-of-Thought) 프롬프팅이다. 우선 모델에 해결할 문제를 제시하고, 모델이 문제를 해결하기 위해 필요한 중간 단계의 질문을 추가해 최종 문제를 해결하는 데 도달할 수 있도록 하는 것이다. 예를 들어, 제로샷과 비교하면 제로샷의 경우에는 '5개의 사과 중 2개를 먹었다면 몇 개의 사과가 남는지 계산해 줘'라고 프롬프트를 작성한다면, CoT의 경우에는 우선 '처음에 몇 개의 사과가 있었나요?', '몇 개의 사과를 먹었나요?', '남은 사과는 몇 개인가요?'와 같이 단계적으로 질문을 통해 문제를 해결하도록 하는 것이다. 이는 모델이 문제 해결 과정을 보다 명확하게 이해하고, 논리적 사고를 통해 효과적인 결과를 도출할 수 있도록 하는 기법 중 하나다. 최근에는 CoT의 자동화된 버전인 Automatic CoT도 등장했다. 이는 모델이 스스로 단계별 질문들을 생성하도록 해 사람의 개입 없이 CoT를 수행하도록 하는 기법이다.

자기 일관성 프롬프팅

자기 일관성 프롬프팅은 CoT 기법에서 사용되는 탐욕 알고리즘을 대체해 추론 성능을 향상하는 기법이다. 탐욕 알고리즘은 언어 모델이 텍스트를 생성할 때 사용되는 알고리즘으로 하나의 단어가 주어졌을 때, 다음에 올 가장 높은 확률을 가진 단어를 선택하는 방식이다. 이러한 과정을 반복해 전체 텍스트 문장을 완성한다. 하지만 가장 높은 확률의 단어를 선택하기 때문에 생성되는 텍스트가 단조롭고 예측 가능하다는 단점이 있다. 이는 창의적이거나 다양한 응답이 필요한 상황에서는 한계점으로 작용된다. 자기 일관성 프롬프팅에서는 이러한 한계점을 극복하고 언어 모델이 주어진 문제에 대해 여러 가지 추론 경로를 생성해 다양한 관점에서 문제를 해결할 수 있도록 한다. CoT와 자기 일관성 프롬프트의 조합은 여러 연구에서 상당한 정확도 향상의 결과를 보여 주고 있다.

할루시네이션 제거를 위한 프롬프팅 기술

검색 증강(RAG, Retrieval Augmented Generation)은 프롬프팅 엔지니어링에서 외부의 지식을 활용해 모델의 응답 결과를 개선하는 데 사용된다. 일반적인 LLM의 경우에는 제한된 정적인 학습 데이터에 의존해 응답을 생성하기 때문에, 기존에 학습되지 않은 특정 상황(외부의 새로운 지식이 필요한 경우)에서는 정확성이 떨어지고, 엉뚱한 응답을 내놓는 경우가 발생한다. 이를 극복하기 위해서는 새로운 데이터를 추가해 재학습을 하는 것도 방법이 될 수 있지만, 이는 엄청난 비용을 수반하게 된다. RAG를 활용한 프롬프트 엔지니어링은 사용자가 입력한 쿼리를 확장하고 새로운 쿼리를 생성해 새로운 지식 베이스에서 관련된 문서를 검색해 추가적인 맥락(Context)을 모델에 제공하고, 이를 통합한 새로운 프롬프트를 활용해 최종적으로 응답을 생성하는 방식이다. 이렇게 증강된 프롬프트는 LLM이 창의적이고 정확한 응답을 생성할 수 있게 되고, 최신 지식이 필요한 작업을 보다 효과적으로 수행할 수 있도록 도와준다.

자동화된 프롬프트 엔지니어

LLM을 위한 자동 프롬프트 생성 및 선택 도구로 사람이 직접 프롬프트를 생성하는 것이 아닌 자동으로 최적의 프롬프트를 생성, 선택해 모델의 성능을 향상하는 기법이다. 사람에 의해 수작업으로 설계된 프롬프트가 가지는 한계를 극복하고, 주어진 작업에 가장 효과적인 프롬프트를 동적으로 생성하고 선택한다. 작동 방식은 사용자 입력을 분석하고, 후보 지시어(instructions)를 작성한 다음, 강화 학습을 활용해 최적의 프롬프트를 선택하며, 다양한 맥락에 맞게 실시간으로 프롬프트를 언어 모델에 적용하는 방식이다. 관련된 연구에서는 APE(Automatic Prompt Engineer)를 활용한 프롬프팅 방식이 사람이 작성한 프롬프트에 비해 LLM의 추론 능력을 크게 향상했음을 확인했다.

프롬프트 엔지니어링의 한계 및 도전 과제

프롬프트 엔지니어링은 언어 모델의 성능의 극대화에서 매우 중요한 역할을 담당하지만 몇 가지 한계점을 가지고 있다. 우선 모델 추론의 속도를 높이기 위해 프롬프트를 지나치게 단순화할 경우, 또는 추론의 정확성을 높이기 위해 프롬프트를 복잡하게 하는 경우, 모델의 결과물이 부정확해질 수 있다. 또한 모델이 가지는 한계로 인해 동일한 프롬프트를 입력하더라도 모델이 일관된 결과물을 출력할 것이라는 보장을 하기 어렵다. 또한 복잡한 추론이 필요한 프롬프트의 작성은 프로그래밍 수준에서 작성이 이뤄질 수 있어 일반 사용자에게 친화적이지 못할 수 있다. 마지막으로 프롬프트를 악의적으로 활용하는 경우, 비윤리적이거나 유해한 결과를 만들어 낼 가능성이 존재한다. 이러한 한계점을 극복하기 위해서는 언어 모델과 쉽게 상호작용할 수 있는 대화형 프롬프트 엔지니어링 도구 및 기술의 개발이 필요하다. 이를 통해 LLM의 설명 가능성, 해석 가능성, 신뢰성을 높일 수 있을 것이다. 또한 프롬프트의 합성 및 최적화를 위해 프롬프트 엔지니어링에 전이 학습, 강화 학습 등 고급 머신러닝 기술을 활용하는 것이 필요하다. 이를 통해 보다 정확하게 LLM이 가지는 편향과 오류 가능성을 줄일 수 있을 것이다. 마지막으로, 효과적이고 효율적인 프롬프트 엔지니어링을 통해 LLM의 계산 비용을 줄일 수 있는 연구도 필요할 것이다.

참고문헌

Aljanabi, M., et al.(2023.11). Editorial prompt engineering: Guiding the way to effective large language models. *Iraqi Journal for Computer Science and Mathematics*, 4(4), pp.151-155, https://www.researchgate.net/publication/375423898_Editorial_Prompt_Engineering_Guiding_the_Way_to_Effective_Large_Language_Models

Brown, T., et al.(2020.5.28). Language models are few-shot learners. *ArXiv*, https://arxiv.org/abs/2005.14165

Busch, K., et al.(2023.4.14). Just tell me: Prompt engineering in business process management. *ArXiv,* https://arxiv.org/abs/2304.07183

Filippi, S.(2023.6.19). Measuring the impact of ChatGPT on fostering concept generation in innovative product design. *Electronics,* 12(16), https://www.mdpi.com/2079-9292/12/16/3535

Heston, T. F. & Khun, C.(2023.7.10). Prompt engineering in medical education. *International Medical Education*, 2(3), pp.198-205, https://www.mdpi.com/2813-141X/2/3/19

Wei, J., et al.(2022.1.28). Chain-of-thought prompting elicits reasoning in large language models. *ArXiv,* https://arxiv.org/abs/2201.11903

White, J., et al.(2023.2.21). A prompt pattern catalog to enhance prompt engineering with ChatGPT. *ArXiv,* https://arxiv.org/abs/2302.11382

07
생성형 AI 품질 평가

다양한 생성형 AI가 등장하면서 어떤 도구를 선택할지 기준이 마련되어야 한다. 또한 바람직하고 이상적인 생성형 AI 도구의 개발 방향성을 잡기 위해서도 평가 기준이 필요할 것이다. 이러한 기술 분야의 평가 기준은 대개 개발자 중심으로 이뤄지지만, 소비자 관점에서의 기준이 있어야 시장에서의 수용 가능성을 가늠해 볼 수 있을 것이다.

AI와 윤동주?

소비자 관점 생성형 AI 콘텐츠 품질 측정의 필요성

생성형 AI의 빠른 기술 개선은 글로벌 페스티벌을 위한 광고 혹은 간접 체험에도 생성형 AI의 역할을 기대할 수 있게 하고 있다. 특히 최근에는 텍스트 명령만으로 이미지나 동영상을 생성할 수 있는 생성형 AI인 텍스트 이미지 전환(Text to Image, T2I), 텍스트 비디오 전환(Text to Video, T2V) 도구가 확산되고 있어, 누구든지 어렵지 않게 비용 효율적으로 브랜드를 제작해 광고할 수 있게 하므로 보다 민주화된 마케팅 도구로 사용할 수 있다. 그뿐만 아니라 대기업의 경우에도 코카콜라는 오픈AI의 달리(DALL-E) 플랫폼을 활용해 광고물을 제작한 바 있으며, 라이언 레이놀즈는 챗GPT를 통해 광고 스크립트를 개발했고, 배스킨라빈스도 챗GPT로 기존의 스토리를 각색 생성했다.

기업 입장에서 T2V 도입의 경제성이나 활용의 생산성을 분석하기 위해서는 T2V 도구에 대한 경제성 평가를 하게 된다. 그러므로 T2V의 학습 효율성이나, 데이터의 바이어스 정도, 프레임, 세그멘트 간 연결의 자연스러움이나 비디오 전체의 동적 자연스러움 등 T2V 생성 결과물의 품질에 대한 평가를 다루는 연구도 있었다.

그러나 아쉽게도 현재까지는 생성형 AI 품질 측정은 기술적인 측정에 머물러 있다. 예를 들어 광류 강도(Optical Flow Strength), 패치 수준 비주기성(Patch-level Aperiodicity), 시간적 의미 다양성(Temporal Semantic Diversity) 등 생성된 동영상의 동적 연결성이나 자연스러움을 측정하는 지표들은 기술적인 품질 평가에 대한 것이어서 이것이 소비자의 인지와 평가에 어떤 관련이 있을지에 대해서는 잘 알려지지 않았으며, 소비자 관점에서 T2V 활용 및 그 활용 결과물의 품질 측정에 대해서는 아직 별도의 측정 항목이 개발되어 있지 않다. 달리(DALL-E), 글라이드(GLIDE) 등 T2I 시스템 외에 최근 다양한 GAN, 코디바(CODIVA), 비드(VEED) 같은 T2V까지 등장함에 따라 스크립트, 음성, 영상까지 생성이 가능하므로, T2V 평가는 스크립트 중심의 LLM 기반 품질 평가나 T2I 평가를 위한 이미지 품질 평가(Image Quality Assessment, IQA)보다 확장된 관점으로 수행되어야 함에도, T2V 중심의 생성형 AI의 품질을 측정하는 항목 연구는 아직 거의 존재하지 않는 실정이다.

따라서 소비자 관점에서 생성형 AI 품질 측정을 위한 문항을 개발하고 검증하는 것이 필요하다.

생성형 AI 콘텐츠 품질: 환각

콘텐츠 품질은 먼저 환각(hallucination) 변수가 도출되었다. 생성형 AI가 가지는 문제 중 하나는 특정 질의에 대해 사실과 일치하지 않는 텍스트를 생성하거나 완전히 "환각"을 유발하는 경우가 많다는 것이다. 여기서 환각은 요약화 환각, 사실 확인 환각, 의역 환각, 지식 기반 대화 환각 등 여러 가지로 구분된다. 인터뷰 결과 자극물인 생성형 AI에서의 환각은 자막에 나타나는 환각(Hallucination-Script)과 영상 화면에 나타나는 환각(Hallucination-Scene)의 두 가지가 있다. 환각의 양상은 생성형 AI가 제작한 콘텐츠의 의미(semantics)가 부정확하거나 혼란스럽거나(conflict), 제작된 콘텐츠가 진실을 왜곡(불일치성, 반복 포함)하거나, 콘텐츠가 제시하는 지식이 부정확하거나 혼란스러움으로 나타난다.

생성형 AI 콘텐츠 품질: 세렌디피티

생성물의 세렌디피티는 기대하지 못한 신규성의 의미를 포함한다. 이는 기대하지 않았던 내용과 품질의 동영상을 보게 되면서 발생한다. 이는 추천 시스템 등에서 중요한 요소로 작용한다. 생성된 내용이 다른 곳에서 발견되지 않는 예상하지 못한 것에 대한 흥미를 인지했을 때 소비자 선택 가능성이 높아지기 때문이다.

생성형 AI 콘텐츠 품질: 개인화

생성형 AI 결과물의 개인화 결여는 생성된 콘텐츠가 보는 이의 연령이나 성별, 취향 등에 특화되지 않는 현상을 의미한다. 인지된 개인화는 소비자들에게 차별화된 가치를 제공하는 것으로, 제품과 서비스의 경쟁력을 제고하는 데 유효하다. 이러한 관점에서 생성형 AI가 제작한 콘텐츠가 보는 이의 프로필이나 니즈에 적합한지는 중요한 품질 요소가 될 수 있다.

생성형 AI 콘텐츠 품질: 소리

다음은 합성된 소리의 인지다. 즉, 음성 합성 결과물의 음성 품질이다. 전통적인 인공지능 연구에서 합성 음향의 품질은 단어와 단어 사이를 잘 구분하고 있는지(word segmentation), 강세나 억양 높낮이, 리듬 등이 자연스러운지(prosody), 또는 모델이 된 실제 사람 음성에 비해 손실(loss)이 얼마나 발생했는지 등으로 판단한다.

생성형 AI 시스템 품질: 프롬프트

프롬프트에서 스크립트를 생성하는 과정에 대한 시스템 품질 요소로 문장 생성 품질이 포함된다. 이는 제시한 프롬프트(예: 아비뇽 축제에 대해 홍보 문구를 만들어 주시오)로부터 얼마나 풍부하고 적절한 문장 생성이 되었는지, 문장 생성의 양은 홍보 문구로 적당한지 등을 평가할 수 있다. 문장 생성 품질은 LLM에서의 일반적인 품질 평가 요소와 관련된다. LLM에서는 correctness(답변 내용이 기대하는 결과와 일치하는 정도), confidence(여러 유사 질문에도 불구하고 일관된 답변을 하는지의 정도), calibration(편향을 보정하는 정도) 등으로 성능을 평가한다. 이는 사용자 입장에서는 어색함, 아쉬움, 불편함의 연합된 감정으로 평가가 될 수 있다.

생성형 AI 시스템 품질: 스크립트

스크립트에서 소리를 합성 생성하는 단계에서는 인지된 음성 합성(TTS, Text to Speech) 품질을 생각할 수 있다. TTS의 품질은 문자 인식 오류율(CER, character error rate), 즉 텍스트 각 문자마다 음성이 맞게 생성되었는지의 정도로 평가된다(Kim et al., 2022). 그런데 이는 매우 기계적이고 협소한 의미를 담고 있어, TTS 결과물에 대한 전반적인 인상으로 평가하기도 한다. 본 연구의 인터뷰에서는 이와 관련해 다음과 같은 반응이 있었다. 생성된 홍보 문구(script)로부터 음성을 잘 만들었는지에 대한 판단이다.

또한 스크립트에서 장면(scene)을 생성하는 과정에서는 인지된 이미지 합성 품질(Perceived Image Synthesis Quality)을 품질 요소로 인식 가능했다. 이는 문구(script)로부터 이미지 장면을 잘 도출했는지에 대한 평가다. 생성형 AI는 문구에 등장하는 단어(명사, 대명사, 형용사, 동사, 부사 등)로 객체와 객체 및 객체 사이의 관계성을 이해하고, 그에 맞는 이미지를 생성해 낸다. 이에 따라 생성형 AI 연구에서는 텍스트로부터 이미지를 만드는 품질 평가를 위해 생성된 영상의 집합과 실제 생성하고자 하는 클래스 데이터의 분포의 거리를 의미하는 FID(Frechet inception distance)와 mIOU(Mean Intersection over Union) 지표를 많이 사용한다. FID는 희구하는 이미지 결과물과 생성된 이미지가 얼마나 일치하는지의 정도로 일종의 변환 정확도라고도 볼 수 있다. mIOU도 전체 결과물에서 예상 결과물과 일치하는 영역의 비율을 의미하므로, 이것도 정확도의 의미를 가진다. 이는 사용자들에게는 당초 예상한 또는 기대했던 이미지 결과물과의 일치도의 의미로 인지될 것이다.

생성형 AI 시스템 품질: 소리와 장면의 적합

소리와 장면을 적합화(Scene-Sound Fit)하는 것도 생성형 AI 시스템의 중요한 시스템 품질 요소였다. 소리와 장면은 모두 스크립트에서 생성되는 것은 맞지만, 생성된 소리와 그 시각에 표출되는 장면이 적합해야 하는 조건을 추가로 만족해야 생성 결과물의 품질이 보장될 것이다. 그러므로 합성 생성된 음성과 그 음성이 발화될 때, 장면과의 적합성에 대한 평가도 필요하다. 소리와 장면의 적합성을 기술적으로 달성하기 위해 크로스 모달리티 관계성 자료로 학습하는 방식이 도입되기도 한다. 이러한 기술적 연구에서 사용하는 측정치로는 음성 정보와 장면 정보의 차이를 구하는 로그 손실(log loss)과 음성으로부터 도출된 장면의 정답 장면과의 일치 정도를 구하는 정확도(accuracy) 또는 일치도(congruency scores) 등이 사용된다. 이는 사용자들에게는 음성과 장면의 매칭 정도로 인식될 것이다.

참고문헌

Akdim, K. & Casaló Ariño, L. V.(2023.2). Perceived value of

AI-based recommendations service: The case of voice assistants. *Service Business*, 17(1), pp.81-112, https://www.researchgate.net/publication/368843308_Perceived_value_of_AI-based_recommendations_service_the_case_of_voice_assistants

Bello, D. C. & Etzel, M. J.(1985.7). The role of novelty in the pleasure travel experience. *Journal of Travel Research*, 24(1), pp.20-26, https://journals.sagepub.com/doi/10.1177/004728758502400104

Cui, Y. G., et al.(2024.5). How to build a competitive advantage for your brand using generative AI. *Business Horizons*, 67(5), pp.583-594, https://www.researchgate.net/publication/380738832_How_to_build_a_competitive_advantage_for_your_brand_using_generative_AI

Kim, H., et al.(2022.6). Guided-tts: A diffusion model for text-to-speech via classifier guidance. In International Conference on Machine Learning (pp. 11119-11133). PMLR.

Kotkov, D., et al.(2016.11). A survey of serendipity in recommender systems. *Knowledge-based systems*, 111, pp.180-192, https://www.sciencedirect.com/science/article/abs/pii/S0950705116302763

Kotkov, D., et al.(2024.5). The dark matter of serendipity in recommender systems. Proceedings of the 2024 conference on human information interaction and retrieval, pp.108-118,

https://www.researchgate.net/publication/377339771_The_Dark_Matter_of_Serendipity_in_Recommender_Systems
Liao, M., et al.(2024.7.1). Evaluation of text-to-video generation models: A dynamics perspective. *ArXiv*, https://arxiv.org/abs/2407.01094
Liu, F., et al.(2024). Exploring and Evaluating Hallucinations in LLM-Powered Code Generation. *ArXiv*, https://arxiv.org/abs/2404.00971

08
생성형 AI를 활용한 가치 창출 전략

생성형 AI 기술이 급속히 발전하고 있는 상황에서 성장의 모멘텀을 지속하기 위해서는 기업의 가치 창출 관점에서 전략적인 활용이 필요하다. 기업의 운영 방식과 비즈니스 모델을 변화시킬 수 있는 핵심 동력으로 생성형 AI를 활용하기 위한 체계적인 실행 로드맵을 수립하는 방법에 대해 알아본다.

AI와 한의학?

가치 창출을 위한 전략적 관점

생성형 AI는 특정 산업에 국한된 기술적 혁신을 넘어, 전 산업에 걸쳐 근본적인 비즈니스 패러다임의 변화를 주도하는 핵심 기술로 자리 잡고 있다. 기존의 판별형 AI가 데이터 패턴을 분석하고 예측함으로써 인사이트를 도출하는 역할에 집중했다면, 생성형 AI는 텍스트, 이미지, 음성, 동영상 등 인간의 창작 활동과 감각적 경험을 확장하는 콘텐츠를 직접 생성함으로써 기업과 고객을 대상으로 혁신을 촉진하는 역할을 수행한다. 특히, 최근 대규모 언어 모델의 발전과 멀티모달 AI의 확장은 단순한 기술적 진보를 넘어 기업이 직접적인 비즈니스 가치를 창출하는 과정에서 중요한 역할을 담당하게 되었다.

이러한 생성형 AI 기술의 활용은 기업의 가치 창출을 촉진하는 세 가지 주요 혁신 동인을 제공한다. 첫째, 4차 산업혁명 시대에서 기업의 필수 과제로 자리 잡은 디지털 전환(DX)이 생성형 AI를 통해 한층 진화해 인공지능 전환(AX)으로 확대될 수 있다. 이는 단순한 데이터 기반 디지털화를 넘어, 핵심 비즈니스 프로세스가 AI 중심으로 재편되는 변화를 의미한다. 즉, 디지털 전환을 통해 축적된 데이터를 기반으로 기업의 주요 운영 및 의사 결정 프로세스를 지능화함으로써 기업의 근본적인 경쟁력을 강화하는 것이다. 둘째, 고객 행동 패턴의 변화에 맞춰 생성형 AI를 활용한 맥락 기반의 창의적인 고객 경험을 강화할 수 있다. 다양한 연구에 따르면, 일반적인 제품에 비해 생성형 AI를 활용해 제작된 제품은 소비자들에게 더욱 참신하고 높은 소비 가치를 지닌 것으로 인식되는 경향이 있다. 이는 생성형 AI가 고객 맞춤형 콘텐츠와 서비스를 제공함으로써 소비자의 브랜드 경험을 향상할 수 있음을 시사한다. 셋째, 기업의 연구 개발(R&D), 상품 기획, 마케팅 등 핵심 가치 창출 영역에서 생성형 AI를 활용한 프로세스 혁신을 통해 운영 효율성과 효과성을 동시에 제고할 수 있다. 예를 들어, R&D 분야에서는 생성형 AI가 기존 연구 데이터를 분석해 새로운 연구 방향을 제시하고, 신속한 설계 대안 생성 및 평가를 지원함으로써 혁신의 주기를 단축할 수 있다.

이러한 생성형 AI를 경영 전략적 차원에서 효과적으로 활용하기 위해서는 기술에 대한 이해에 앞서 명확한 가치 창출 목적을 기반으로 접근하는 것이 필수적이다. 그리고 가치 창출의 목적성은 다음과 같은 주요 방향으로 구분해 볼 수 있다.

가치 관점 1: 프로세스 효율화

프로세스 효율화는 단순한 자동화를 넘어 기업 운영 전반의 최적화를 의미하며, 궁극적으로 비용 절감과 생산성 향상을 목표로 한다. 기존의 RPA(Robotic Process Automation)나 업무 자동화 기술이 정형화된 규칙 기반 프로세스에 주로 적용되었다면, 생성형 AI는 비정형 데이터까지 처리하고 맥락을 이해해 기업에 축적된 다양한 암묵지를 활용하는 지식 경영 체계를 구현하는 것이 가능하다. 예를 들어, 기업 내에서 생성된 다양한 기획안, 보고서, 프로젝트 산출물 등 전문성이 내재된 텍스트 데이터와 더불어 ERP(전사적 자원 관리) 데이터 같은 정형 데이터까지 자연어 기반의 접근을 통해 업무의 생산성과 지식 활용도를 극대화할 수 있다. 이를 통해 단순 자동화를 넘어 생성형 AI를 활용한 지능형 업무 지원 체계를 구축할 수 있으며, 인적 자원이 고부가가치 업무에 집중할 수 있는 환경을 조성할 수 있다.

사례를 살펴보면 JP모건에서는 생성형 AI 기반의 인덱스GPT(IndexGPT)를 2024년 5월 출시했으며, 방대한 금융 데이터와 시장 보고서를 분석해 맞춤형 투자 인사이트를 실시간으로 생성해 리서치 시간을 단축할 수 있었다. 또한, 골드만삭스는 골드만삭스 AI 어시스턴트

(GS AI Assistant)를 도입해 이메일 요약, 문법 교정, 프로그래밍 언어 간 코드 번역 등 다양한 업무를 지원해 업무 프로세스 효율화를 적극 추진하고 있다. 스위스 제약 기업인 로슈(Roche)는 화학 및 제약 회사들이 유럽화학청(ECHA)에 제출하는 화학 물질 데이터 입력 과정을 자동화하기 위해 생성형 AI를 도입해 연구 인력이 핵심 업무에 집중할 수 있도록 부가적인 행정 업무 부담을 대폭 경감했다. 이처럼 생성형 AI는 기업의 주요 비즈니스 프로세스를 지능적으로 최적화하고, 가치 창출의 새로운 기회를 제공하는 강력한 전략적 도구로 활용할 수 있다.

가치 관점 2: 제품/서비스 혁신

제품/서비스 혁신은 생성형 AI를 활용해 기업의 핵심 가치 제안을 근본적으로 변화시키는 것을 의미한다. 기존의 제품 개발 및 서비스 혁신이 시장 조사와 고객 피드백을 기반으로 한 점진적 개선에 초점을 맞추었다면, 생성형 AI는 대규모 시장 데이터와 고객 인사이트를 분석하고 창의적인 대안을 제시함으로써 혁신의 속도와 범위를 획기적으로 확장할 수 있다. 이를 통해 아이디어 발굴, 프로토타입 제작, 시장 검증에 이르는 전체 혁신 주기를 단축함으로써 기업의 경쟁력을 극대화할 수 있다.

이러한 생성형 AI를 활용한 제품/서비스 혁신은 제품 개발 최적화 차원에서 기존 제품의 성능, 고객 사용 패턴, 품질 등을 종합적으로 분석해 최적의 제품 사양과 설계 방안을 도출할 수 있다. 일례로 GM은 생성형 AI 기반의 설계 기술을 활용해 부품 디자인을 개선하고 있으며, 기존 8개 부품을 대상으로 40% 더 가볍고, 20% 더 강한 디자인을 도출했다. 에어버스 역시 생성형 AI를 활용해 더 가볍고 내구성이 뛰어난 부품을 만들었으며, 한국타이어의 경우 타이어 패턴 디자인 생성 AI 모델을 개발하고 있다. 이와 같이 생성형 AI를 활용한 제품/서비스 혁신은 단순한 기능 개선을 넘어 기업의 비즈니스 경쟁력의 근본을 변화시키는 원동력이 될 수 있다.

가치 관점 3: 고객 가치 제고

고객 가치 제고는 생성형 AI를 활용해 고객 경험을 혁신하고 개인화된 가치를 효과적으로 제공하는 것을 의미한다. 기존의 고객 서비스가 특정 세그먼트에 맞춘 표준화된 경험을 제공하는 데 초점을 맞추었다면, 생성형 AI는 개별 고객의 맥락과 선호도를 분석해 초개인화 경험을 구현할 수 있다. 특히 고객의 구매 여정 전반에 대응해 맞춤형 경험을 제공해 장기적인 관계 구축과 서비스 가치 강화를 실현할 수 있다.

대표적으로 생성형 AI 기반의 개인화된 상호작용은 고객의 문의나 요청을 처리하는 과정에서 맥락을 정확하게 이해하고, 최적의 해결 방안을 실시간으로 제공함으로써 고객 경험을 제고할 수 있다. 이는 단순한 규칙 기반의 자동 응답 시스템을 넘어 AI가 고객의 의도를 이해하고 상황 맞는 최적의 답변을 제공해 더욱 자연스럽고 정교한 고객 가치 제공이 가능해진다. 특히, 기존 고객 응대를 위해 도입되었던 챗봇 기술이 보편화된 상황에서 생성형 AI의 활용은 한 단계 높은 수준의 고객 경험을 만들어 내고 있다. H&M, 잘란도 등 의류 산업에서는 고객의 스타일과 요구에 맞는 실시간 추천으로 브랜드와 연결을 강화하고 있으며, 보험 회사 헬베티카 역시 생성형 AI 기반의 챗봇 클라라(Clara)를 통해 보험 관련 광범위한 질문에 24시간 내내 제공하고 있다. 이처럼 고객 접점에서 적용되는 생성형 AI는 고객 경험을 향상해 충성도를 높이기 위한 전략의 일환으로 활용될 수 있으며, 나아가 수집되는 고객 데이터를 지속적으로 학습해 초개인화된 경험을 창출해 낼 수 있다.

생성형 AI 도입을 위한 로드맵 수립

생성형 AI 도입을 위한 로드맵은 기업의 전략적 목표와 현재 역량을 고려해 단계적으로 설계되어야 한다. 특히, 앞서 설명한 프로세스 효율화, 제품/서비스 혁신, 고객 가치 제고라는 세 가지 가치 창출의 관점을 중심으로 목표와 우선순위를 설정하고, 영역별 세부 실행 계획을 수립하는 것이 필수적이다. 이를 위해서는 기본적으로 기업의 AI 성숙도 진단을 통해 현재의 위치를 정확하게 파악하고, 이를 바탕으로 단기 · 중기 · 장기 목표를 설정해 체계적인 도입 전략을 수립해야 한다. 그리고 생성형 AI 도입 로드맵 수립의 단계는 크게 네 가지 핵심 영역으로 구분할 수 있다.

첫 단계는 기업의 비즈니스 특성과 목표에 부합하는 생성형 AI 모델을 선정하고, 이를 뒷받침할 데이터 확보 및 관리 체계를 구축하는 것이다. 생성형 AI는 범용 모델과 특화 모델(sLLM) 사이에서 균형을 유지하는 것이 중요하다. 초기 도입 단계에서는 검증된 범용 모델을 적용해 활용성을 파악하고, 신속하게 성과를 도출하는 것이 필요하다. 그리고 이를 바탕으로 기업의 도메인 지식을 반영한 특화 모델을 점진적으로 개발하는 방향으로 발전하는 것이 바람직하다. 도입 초기에는 기업 특화 모델을 개발하기 위한 미세 조정을 진행할 수 있는 인프라와 데이터가 충분히 갖춰져 있지 않은 경우가 대부분이기에 기업에 부담이 될 수밖에 없다.

한편, 데이터 전략 측면에서 기업의 데이터 거버넌스 체계, 데이터 품질 관리, 민감 정보 보호 등을 포괄하는 통합적 접근이 병렬적으로 진행되어야 한다. 생성형 AI 모델의 성능을 극대화하기 위해서는 신뢰할 수 있는 고품질 데이터가 필수적이며, 기존에 축적된 데이터에 대한 전반적인 검증과 데이터 정제, 표준화 과정이 선행되어야 한다. 아울러, 생성형 AI의 학습 편향성을 최소화하고 결과물의 신뢰성을 확보하기 위해 모니터링 시스템 도입에 대해 고려해야 한다.

다음 단계로, 생성형 AI의 도입은 단순한 기술의 적용이 아니라 기업의 운영 방식과 조직 구조 전반에 걸친 변화를 요구한다. 따라서 생성형 AI 도입을 효과적으로 추진하기 위해서는 체계적인 변화 관리 전략이 필요하다. 가장 먼저 AI 전문 인력을 확보하거나 육성 계획을 고려해야 한다. 이를 위해 내·외부 교육을 통해 생성형 AI 관련 기술의 이해와 활용 역량을 지속적으로 강화하는 것이 중요하며, 실무자뿐만 아니라 경영진의 AI 리터러시 함양도 중요하다. 결국 경영진의 강력한 리더십과 지원이 뒷받침되어야만 생성형 AI 도입이 추진력을 얻을 수 있기 때문이다. 또한, 기업 내 생성형 AI 도입 시 확산을 촉진하기 위한 CoE(Center of Excellence)를 구축해 전문가 그룹을 형성하고, 정착 시점까지 각 부서를 지원하는 역할을 수행하도록 조직 개편이 필요하다. 변화 관리의 궁극적인 목적은 새로운 기술의 도입으로 인한 조직 내 새로운 업무 방식에 대한 적응과 정착을 관리하는 것이다. 생성형 AI 기반의 지능형 업무 지원 체계가 도입될 경우, 기존 업무 프로세스가 변화할 가능성이 크기 때문에 충분한 커뮤니케이션과 교육이 반드시 수반되어야 한다. 아울러 업무 재설계 및 역할 재조정 등의 전반적인 BPR(Business Process Reengineering, 업무 프로세스 재설계) 전략을 마련하는 것도 중요하다.

세 번째 단계는 생성형 AI 도입 과정에서 단기적인 성과와 장기적인 비전을 전략적으로 균형 있게 조정하는 것이다. 도입 초기 단계에는 즉각적인 효과를 창출할 수 있는 영역을 우선적으로 선정해 빠른 성과를 도출하는 것이 중요하다. 이를 통해 생성형 AI 도입에 대한 신뢰도를 확보하고, 조직 내부에서 가치를 체감할 수 있어야 확산의 초석을 마련할 수 있기 때문이다. 예를 들어, 프로세스 효율화 영역에서 반복적이고 시간 소모적인 업무를 생성형 AI를 통해 자동화한다면 즉각적인 업무 개선의 효과가 나타날 것이다. 그리고 이러한 경험을 통해 점진적으로 생성형 AI를 활용한 의사 결정 지원 및 고도화된 업무 분야로 확장해 나가는 방식으로 접근하는 것이 가장 이상적인 도입 확산의 모습일 것이다.

이와 함께, 생성형 AI가 기업의 핵심 전략 및 장기적 성장 목표와 일치하는 방향으로 활용될 수 있도록 지속적인 성과 평가 및 피드백 체계를 운영해야 한다. 이를 통해 생성형 AI 도입이 단기적인 업무 개선 혁신을 넘어 기업의 지속 가능한 경쟁력 강화에 기여할 수 있도록 전략적 관리가 필요하다. 이를 위해서는 생성형 AI 활용에 대한 정량적 측정이 가능한 성과 측정 지표(KPI)를 개발해야 한다. 예를 들어, 생성형 AI 기반 업무 자동화 도입 후 생산성 향상률과, 생성형 AI 활용으로 기존 업무의 대체 또는 감소를 통한 직무 활동 변화 등을 체계적으로 분석해 생성형 AI 도입이 단기적 성과와 더불어 기업의 장기적 성장에 긍정적으로 기여하는 정도를 지속적으로 평가할 필요가 있다.

마지막 단계로, 생성형 AI를 성공적으로 도입하기 위해서는 명확한 거버넌스 체계를 구축하는 것이 필수다. 특히, AI의 결과물이 신뢰할 수 있고 윤리적 기준을 준수할 수 있도록 AI 윤리 원칙을 수립하고, 리스크 관리 체계를 마련해야 한다. 2024년 8월 EU의 「AI 법(AI Act)」 발효에 이어 한국도 2024년 12월 「AI 기본법」이 통과되어 기업은 AI 활용과 관련된 법적·윤리적 이슈를 사전에 검토하고 대응해야 한다. 이는 AI가 생성하는 결과물이 공정성과 투명성을 확보하고, 개인정보 보호 및 데이터 보안 규정을 철저히 준수할 수 있는 내부적인 관리 체계가 필요하다는 것을 의미한다.

생성형 AI 도입은 기업의 비즈니스 프로세스를 근본적으로 혁신하고 새로운 가치를 창출하는 강력한 전략적 도구가 될 수 있다. 그러나 이를 효과적으로 실현하기 위해서는 생성형 AI를 단순한 기술로 바라보는 것이 아니라 데이터 전략부터 조직 변화 관리, 거버넌스 체계 구축까지 아우르는 체계적이고 전략적인 접근이 필수적이다. 그리고 이를 통해 기업의 혁신과 지속 가능한 성장 동력 확보, 차별화된 경쟁력을 확보할 수 있을 것이다.

09
생성형 AI가 바꾼 BM 변화

생성형 AI는 상거래 및 마케팅에서 개인화 추천 부분의 강화, 고객 응대 자동화, 효율적인 재고 관리 등에 활용되고 있다. 또한 마케팅에서는 콘텐츠 제작의 자동화, 정확한 타기팅 추천, A/B 테스트의 최적화 등 기존의 많은 자원과 인력과 전통 시스템을 통해 진행하던 부분에서 지속적인 혁신을 이루고 있다. BM 관점에서 기존의 방식과 생성형 AI 도입에 따른 변화된 상거래 및 마케팅 사례를 소개하고자 한다.

AI와 화장품?

AI 진화: 초개인화된 고객 경험

생성형 AI는 상거래 분야에서 고객 경험을 혁신하는 핵심 동력으로 부상하고 있다. 아마존이나 넷플릭스의 기존 추천 알고리즘이 구매 이력이나 유사 사용자 그룹의 데이터를 기반으로 예측형 AI를 활용해 상품을 제안했다면(Salesforce, 2024), 생성형 AI는 실시간으로 변화하는 고객의 맥락, 감정, 잠재적 니즈까지 파악해 고도로 맞춤화된 상호작용을 창출한다. 예를 들어, 생성형 AI는 고객의 현재 웹사이트 내 행동, 장바구니 상태, 심지어 이전 대화 내용까지 종합적으로 분석해, 단순히 상품을 나열하는 것을 넘어 개인 비서처럼 맞춤형 상품 설명, 스타일링 제안, 사용 후기 요약 등을 제공할 수 있다. 쇼피파이(Shopify) 같은 이커머스 플랫폼은 이미 자사 서비스에 생성형 AI를 도입해 판매자들이 손쉽게 개인화된 상품 상세 페이지를 제작하고, 고객 문의에 응대할 수 있도록 지원하고 있다(Shopify, 2025). 이러한 변화는 이커머스 비즈니스 모델을 단순 상품 판매 중개에서 '개인 맞춤형 쇼핑 경험 제공자'로 전환하고 있다. 이 경우, 고객은 민감한 상황에서는 인간보다 로봇과 상호작용할 때 더 편안함을 느끼기도 한다. 또한 고객의 맞춤에 대응하는 음성 인터페이스는 '몰입 상태(flow)'를 유도해 서비스 만족도를 상승시킨다(Noble & Mende, 2023). 이는 고객 충성도와 구매 전환율을 높이는 데 기여하고 있다.

마케팅 콘텐츠 제작 및 전략의 자동화와 고도화

마케팅 분야에서 생성형 AI는 콘텐츠 제작의 패러다임을 바꾸고 있다. 과거에는 광고 카피, 블로그 게시물, 소셜 미디어 콘텐츠, 이메일 뉴스레터 등을 제작하기 위해 상당한 시간과 인력이 투입되었으나, 이제는 생성형 AI 도구를 활용해 다양한 포맷의 마케팅 콘텐츠 초안을 몇 분 만에 생성할 수 있게 되었다(Salesforce, 2024). 예를 들어, 재스퍼ai(Jasper.ai)나 카피ai(Copy.ai)와 같은 플랫폼은 사용자가 몇 가지 키워드와 목표를 입력하면 다양한 스타일의 광고 문구나 제품 소개 글을 자동으로 생성해 준다. 더 나아가, 달리(DALL-E), 미드저니(Midjourney) 같은 T2I(Text to Image) 모델과 소라(Sora), 런웨이ML(RunwayML) 같은 T2V(Text to Video) 모델의 발전은 시각적 콘텐츠 제작의 장벽을 낮추어, 중소기업이나 개인 판매자도 전문가 수준의 이미지나 짧은 홍보 영상을 제작할 수 있게 되었다.

생성형 AI는 단순 콘텐츠 생성을 넘어 마케팅 전략 수

립과 최적화에도 기여한다. 고객 데이터를 분석해 초개인화된 마케팅 메시지를 자동으로 생성하고, 다양한 고객 세그먼트에 맞춰 A/B 테스트를 자동으로 설계 및 실행해 캠페인 효과를 극대화할 수 있다. 예를 들어, 특정 고객 그룹에는 제품의 기능적 장점을 강조하는 메시지를, 다른 그룹에는 스타 감성적 가치를 어필하는 메시지를 생성형 AI가 맞춤형으로 제작해 발송하는 식이다. 이는 마케팅 부서의 역할을 단순 실행에서 데이터 기반 전략 수립 및 AI 도구 관리로 전환하고 있으며, 마케터에게는 창의적 기획과 결과 분석에 더 집중할 수 있는 환경을 제공한다.

기획 작성 AI에 이어 제작을 도와주는 AI를 통해 콘텐츠를 제작해 주는 작업도 진행을 할 수 있다. 실제 사례로 아동복 전문 회사 제이키즈는 생성형 AI 제작 동영상 소재로 전환하고 광고비 대비 수익률(ROAS, Return On Advertising Spend)를 2,570%(2024) 달성했다. 자체 분석 결과, 동영상 소재를 통해 짧은 시간 안에 다양한 제품 이미지를 노출하고, 한눈에 들어오는 컬러와 타이포를 통해 홍보한 결과였다(인덴트코퍼레이션, 2024).

지능형 고객 서비스 및 재고 관리 혁신

고객 서비스 영역에서 생성형 AI는 기존 챗봇의 한계를 뛰어넘는 진보를 보여 주고 있다. 과거에는 학습되거나 패턴화된 정보를 제공하던 단순 FAQ(자주 묻는 질문) 응대를 넘어 복잡한 고객 문의를 이해하고, 공감 능력을 갖춘 대화를 통해 문제를 해결하며, 심지어 제품 추천이나 판매까지 자연스럽게 유도할 수 있다. AI는 고객과의 모든 상호작용을 기록하고 분석해 다음 응대 시 더욱 개인화된 서비스를 제공하며, 상담원의 업무 부담을 줄여 보다 복잡하고 감정적인 지원이 필요한 고객에게 집중할 수 있도록 돕는다. 대표적인 사례로 여행용품 브랜드인 브랜든은 프로모션 기간에 CS(Customer Service, 고객 응대)의 대응이 폭발적으로 늘어난다고 한다. 이 업체의 경우, 생성형 AI 도입을 통해 4개월 동안 고객 응대한 수는 2,173건으로, 전체 5,529건 중 39%였다. 그 시간에 사람은 더 중요한 상담과 고객 경험에 집중할 수 있었다(채널톡, 2024). 따라서 이러한 변화는 고객 만족도 향상은 물론 고객 서비스 센터를 비용 센터에서 가치 창출 센터로 변모시키는 잠재력을 가지고 있다.

재고 관리 및 공급망 최적화 측면에서도 생성형 AI의 역할이 기대된다. 생성형 AI는 방대한 판매 데이터, 시장 동향, 거시 경제 지표 등을 종합적으로 분석해 과거보다 훨씬 정교한 수요 예측 모델을 생성할 수 있다. 이를 통해 기업은 과잉 재고나 품절 위험을 최소화하고, 운영 효율성을 극대화할 수 있다. 예를 들어, '머스트 해브 아이디어스(Must Have Ideas)'는 AI 기반 TV 쇼핑 채널이다. 이 회사가 만든 채널은 재고 수준과 외부 요인을 기반으로 콘텐츠 편성을 자동화해 최적의 재고 관리와 고객 참여를 보장하고 있다. 생성형 AI 기반 프로그램은 24시간 연중무휴로 운영되어 운영 비용을 크게 절감하고, 매출을 증대하고 있다. 이는 전통적인 통계 기반 예측 모델에 비해 훨씬 동적이고 복잡한 변수들을 고려할 수 있다는 장점이 있다.

새로운 상거래 및 마케팅 BM의 출현

생성형 AI는 기존의 상거래 및 마케팅 방식을 개선하는 것을 넘어, 전에 없던 새로운 비즈니스 모델의 탄생을 촉진하고 있다. 예를 들어, AI가 생성한 가상 인플루언서나 브랜드 앰배서더는 실제 인물과 유사한 수준의 영향력을 발휘하며 마케팅 캠페인에 활용될 수 있다.

또한, 메타버스 같은 가상 환경에서 고객의 취향에 맞춰 실시간으로 디자인되고 상품이 진열되는 개인화된 가상 상점을 구축하는 것도 가능해지고 있다. 이러한 가상 상점은 AI가 생성한 아바타 점원이 고객을 응대하고, 고객의 아바타에 맞춰 가상으로 의상을 입혀 보는 등의 인터랙티브한 경험을 제공할 수 있다.

더 나아가, 고객이 직접 텍스트나 이미지를 입력해 자신만의 제품을 디자인하고 주문하는 '생성형 커머스(Generative Commerce)' 모델도 등장하고 있다. 예를 들어, 사용자가 "푸른 파도가 치는 해변 풍경이 담긴 티셔츠"라고 입력하면, AI가 해당 디자인을 즉석에서 생성하고, 고객은 이를 바로 주문할 수 있는 형태다. 이는 제조업과 상거래의 경계를 허물고, 극단적인 개인 맞춤형 생산 시대를 열 가능성을 시사한다.

실례로 알리바바(Alibaba)에서 만든 시스템은 개인화된 T2I 생성 기술을 활용해 AI 생성 상품(AIGI)을 만들고, "만들기 전에 팔기(Sell it before you make it)"라는 새로운 비즈니스 모델을 실현한다(Lin, 2025). 이러한 변화들은 생성형 AI가 단순한 효율화 도구를 넘어, 기업이 고객에게 가치를 제공하는 방식 자체를 근본적으로 혁신할 수 있음을 보여 준다.

참고문헌

인텐트코퍼레이션(2024.1.10). 이커머스를 위한 AI 마케팅 사례 모아보기. open.ads, https://openads.co.kr/content/contentDetail?contsId=12297

채널톡(2024.05.27). 채널톡 성공사례. 라룸, 유어메모 대표, https://channel.io/ko/blog/articles/f8f9f84e

AI디자인TV(2023.10.30). 실제 광고 디자인에 미드저니 AI를 활용하는 방법. Youtube, https://www.youtube.com/watch?v=vx-pgkYgqkY

salesforce(2024.1.16). AI 마케팅이란? AI 마케팅 미래 트렌드와 사례를 통한 원스톱 가이드, https://www.salesforce.com/kr/hub/marketing/ai-marketing/

shopify(2025.5.18). AI를 사용해 사업 시작하는 방법, https://www.shopify.com/kr/blog/how-to-start-a-business-using-ai

Copy.ai, https://www.copy.ai/

Goodfellow, I., et al.(2014.6.10). Generative Adversarial Networks. *ArXiv*,https://arxiv.org/abs/1406.2661

Jasper.ai, https://www.jasper.ai/

Lin, J., et al.(2025.3.28). Sell It Before You Make It: Revolutionizing E-Commerce with Personalized AI-Generated Items. *ArXiv*, https://arxiv.org/abs/2503.22182

Noble, S. M. & Mende, M.(2023.6.1). The future of artificial intelligence and robotics in the retail and service sector: Sketching the field of consumer-robot-experiences. *Journal of the academy of marketing science*, 51, pp.747-756, https://link.springer.com/article/10.1007/s11747-023-00948-0

QR Inventory. Supply chain automation using generative AI – Solving inventory challenges, https://small-business-inventory-management.com/blog/ai-inventory-automation/generative-ai-for-automated-inventory-management.html

10
생성형 AI 비즈니스의 미래

생성형 AI는 단순한 도구를 넘어 AI 비즈니스에 혁신적인 가치를 창출하는 데 중요한 역할을 하고 있다. 특히 생성형 AI의 한 분야인 AI 에이전트와 생성형 AI와 양자 컴퓨팅의 융합은 기업과 개인의 삶을 근본적으로 변화시킬 가능성을 가진 영역이다. AI 에이전트 기술이 개인과 비즈니스에 미치는 영향 및 향후 전망을 살펴보고, 생성형 AI와 양자 컴퓨팅의 융합 관련 연구의 현황과 앞으로의 당면 과제들을 살펴보고자 한다.

종교와 AI?

생성형 AI 기술의 진화: AI 에이전트

이미지나 영상을 생성하거나 질문에 응답하는 방식의 모델과 달리, AI 에이전트는 주어진 목표를 자율적으로 달성하기 위해 AI와 도구(Tool)를 활용해 행동을 수행하는 시스템이다(Bornet et al., 2025). 이러한 정의는 AI 에이전트가 단순히 데이터를 생성하는 것이 아니라, 실제 환경에서 독립적으로 목표를 수행할 수 있는 능력을 지닌다는 점을 강조하는 것이다. 또한 AI 기술이 점점 더 자율적이고 복잡한 환경에서 작동할 수 있도록 발전하고 있음을 시사한다.

AI 에이전트는 인간과 자연스럽게 상호작용하며, 복잡한 의사 결정을 지원하는 방향으로 발전하고 있다(Durante et al., 2024). 예를 들어 AI 에이전트 기반 일정 관리 서비스는 단순히 일정을 입력하고 알림을 제공하는 수준을 넘어, 사용자의 과거 일정 패턴을 분석해 최적의 회의 시간을 제안하고, 이메일 초안을 자동 생성하며, 일정 충돌을 사전에 방지하는 기능을 갖출 수 있다.

이러한 기술의 발전은 단순한 자동화의 개념을 넘어 개인이 보다 전략적인 의사 결정을 내릴 수 있도록 돕는 조력자로 자리 잡고 있음을 시사한다. 향후 AI 에이전트는 기존 인공지능 기술과 결합해 더욱 강력한 예측 분석과 정교한 사용자 맞춤 기능을 통해 개인의 생산성과 삶의 질을 동시에 향상하는 방향으로 진화할 것으로 전망된다.

개인의 환경뿐만 아니라 기업 환경에도 중요한 변화를 가져오고 있다. AI 에이전트를 통해 기존의 정형화된 업무 자동화를 넘어 보다 복잡한 의사 결정을 수행하며, 내부의 운영 효율성을 극대화하는 데 기여한다. 예를 들어 AI 에이전트 기반 고객 서비스 시스템은 사용자의 질의에 맞춰 실시간으로 응답을 생성하고, 고객의 선호도를 반영해 개인화된 서비스 경험을 제공할 수 있다.

또한 기업 내 업무 프로세스를 최적화하는 데에도 활용된다. 고객 관계 관리(CRM) 영역에서 고객과의 대화를 이해하고 스스로 판단해 맞춤형 설루션(solution)을 제안한다. 공급망 관리(SCM)에서는 복잡한 변수들을 종합적으로 분석해 의사 결정의 정확도와 속도를 향상한다. 재무 및 리스크 관리 영역에서는 실시간 이상 거래 탐지와 자동화된 규정 준수로 기업의 안정성을 높인다. 이와 같이 AI 에이전트를 통한 프로세스 자동화 또는 지능화는 단계적으로 발전할 것으로 전망된다. 기업들은 초기에 단위 업무를 자동화부터 시작해, 점차 가치 사슬 전반을 지능화하는 자동화 체계를 구축해 나갈 것으로 예상된다.

다만 기업이 AI 에이전트를 도입할 때 고려해야 할 점도 존재한다. AI 에이전트가 자율적으로 의사 결정을 수행할 경우, 기업은 이에 대한 신뢰성과 운영에서 기업 내 역할과 책임을 명확히 해야 하며, AI의 의사 결정 과정에서 발생할 수 있는 오류와 리스크를 최소화하는 전략을 수립해야 한다.

현재 AI 에이전트는 특정 작업에 대해 높은 성능을 보이지만, 인간 수준의 일반적 사고를 구현하는 데는 한계가 있다. 가장 큰 문제는 AI의 환경 이해 부족과 데이터 의존성이다(Durante et al., 2024). 대부분의 AI 에이전트는 인터넷이나 특정 도메인의 대규모 데이터세트에서 학습되었기 때문에, 현실 세계의 변동성과 복잡한 문맥을 완벽하게 이해하는 데 어려움을 겪는다. 또한 멀티모달 데이터를 처리하는 능력은 점점 향상되고 있지만, 여전히 시각, 청각, 언어 정보를 종합해 적절한 결정을 내리는 데는 개선이 필요하다.

따라서 향후 AI 에이전트는 더욱 정교한 학습 방식을 도입해 멀티모달 데이터를 효과적으로 활용함으로써 실제 환경에서의 적응력을 높일 것으로 예상된다. 이를 바탕으로 개별 업무에 특화된 에이전트들이 협력하는 다중 에이전트 시스템으로 진화해 복잡한 업무를 자동화하는 한편, 인간과 자연스럽게 협력하는 AI 시스템 구축을 위한 연구도 지속될 전망이다.

양자 컴퓨팅과 생성형 AI의 융합

다음으로는 미래 기술 중 하나로 간주되는 양자 컴퓨팅 기술과 생성형 AI의 결합에 대한 시도를 주목할 필요가 있다. 양자 컴퓨팅은 기존 컴퓨팅 방식과 비교해 획기적인 연산 속도를 제공할 수 있는 기술이다(Nokhwal et al., 2023). 중첩과 얽힘 같은 양자 역학적 특성을 활용해 복잡한 문제를 해결할 수 있으며, 특히 대규모 데이터 분석 및 최적화 문제에 강점을 가진다.

이러한 양자 컴퓨팅과 생성형 AI의 결합은 새로운 차원의 모델을 가능하게 한다(Riofrio et al., 2024). 기존 인공지능 모델이 다루기 어려웠던 대규모 데이터와 복잡하고 미묘한 패턴을 더욱더 효율적으로 분석할 수 있으며, 다양한 가능성을 동시에 탐색해 창의적인 결과물을 생성하는 데 도움을 줄 수 있다.

최근 연구에서는 생성형 AI 모델과 양자 컴퓨팅을 결합하는 새로운 시도들이 이뤄지고 있다. 이를테면 고전 데이터를 양자 데이터로 변환(Encoding)하는 과정이나 양자 회로(Quantum Circuit)를 최적화하는 것이 양자 인공지능 모델의 성능 최적화에 필수적이다(Ruan et al., 2024). 또한 데이터 변환 또는 회로의 최적화를 인간의 직관이나 경험에 의해 설계하는 것이 아닌, 대규모 언어 모델을 기반으로 최적의 구조를 찾는 새로운 시도도 진행되고 있다(Liang et al., 2023).

나아가 생성형 AI 모델과 양자 컴퓨팅의 물리적 결합을 시도하는 연구도 시도되고 있다. 대규모 언어 모델에는 막대한 계산 비용과 전력 소비가 필요하다는 것은 잘 알려진 사실이다. 이러한 한계를 극복하기 위해 대규모 언어 모델의 초기 학습 단계에 양자 알고리즘을 적용해 학습 성능을 최적화하는 연구가 시도되고 있다. 이러한 연구를 통해 양자 컴퓨팅 기술이 성숙한 단계로 진입할수록 특정 연산에서 양자 우위를 실현할 수 있게 되어 저전력, 고효율 알고리즘의 구현이 가능해질 것으로 기대된다. 또한 고전적인 학습 방법과 양자 알고리즘을 결합된 하이브리드 양자-고전 알고리즘(Hybrid quantum-classical algorithm)을 활용하는 연구도 지속적으로 확대될 것으로 예상된다(Riofrio et al., 2024).

한편, 양자 알고리즘의 설명 가능성을 높이기 위한 시각적 분석 연구도 진행되고 있다(Ruan et al., 2024). 블

랙박스로 여겨지던 대규모 언어 모델의 해석 가능성이 연구에서 주목받고 있는 것처럼, 양자 컴퓨팅에서도 유사한 시도가 이뤄지고 있다. 예를 들어 바이올렛(VIOLET, Visual Analytics for Explainable Quantum Neural Networks)이라는 시각화 도구는 양자 신경망의 데이터 인코딩 과정, 학습 과정, 측정 결과를 시각적으로 분석할 수 있도록 설계되었다. 이 도구를 활용하면 양자 AI 모델의 훈련 과정과 예측 결과를 보다 직관적으로 이해할 수 있는 실마리를 확보할 수 있다. 따라서 이러한 기술적 시도는 향후 양자 컴퓨팅과 생성형 AI의 결합에서 보다 더 안전하게 모델을 만들 수 있는 시도와 더불어 실질적으로 비즈니스에 적용될 가능성을 더욱 높이고 있다.

하지만 활발한 연구가 이뤄지고 있음에도 현실에서의 양자 컴퓨팅을 활용한 모델 구현에는 여러 한계가 존재한다(Riofrio et al., 2024). 노이즈와 오류 문제, 대규모 큐비트(Qubit) 자원의 부족, 양자 회로 설계의 복잡성, 양자 알고리즘의 속도 이슈 등은 실용적인 양자 컴퓨팅 기반 생성형 AI 모델 구현을 어렵게 만드는 요인들이다. 또한 양자 회로 기반의 언어 모델이 기존 생성형 AI 모델과 비교해 얼마나 실질적인 성능 향상을 가져올 수 있는지에 대한 연구가 아직 충분하지 않다.

특히 양자 컴퓨팅 기반의 생성형 AI의 결합 관점에서는 대규모 데이터의 학습에 필요한 큐비트와 속도 문제가 계속해서 두 기술의 결합에 제약 조건이 될 가능성이 높다. 예를 들어, 대규모 언어 모델의 학습에는 대량의 데이터 처리가 필수적인데, 현재 큐비트 수준으로는 이를 구현하는 것에 상당한 제약이 있다. 또한 고전 데이터를 양자 상태로 준비하는 작업에는 하드웨어의 한계로 막대한 시간이 소요된다. 이러한 문제를 해결하기 위해 양자 컴퓨팅 기술의 발전에 따라 고전 데이터를 빠르게 변환할 수 있는 큐램(QRAM, Quantum Random Access Memory)의 역할에 주목하는 연구가 진행되고 있다(Wang et al., 2024). 이처럼 현재는 여러 기술적 제약이 있음에도, 생성형 AI와 양자 컴퓨팅의 결합은 미래에 가장 주목 받는 분야 중 하나가 될 것으로 전망된다. 그 관점에서 양자 컴퓨팅 하드웨어의 발전과 알고리즘이 가져올 혁신적 변화는 앞으로도 계속해서 주목할 만한 연구 분야가 될 것이다.

이러한 기술적 진보가 실제 비즈니스 환경에 적용되면서, 미래에는 AI 에이전트 기반 비즈니스, 양자 컴퓨팅, 그리고 생성형 AI의 결합으로 다양한 산업에서 새로운 가치를 창출할 것이다. 특히 인간과 기계 간 협업의 일상화, AI가 복잡한 업무를 자율적으로 처리하는 환경(Immorlica et al., 2024), 양자컴퓨팅 기반의 초고속 패턴 분석과 예측, 그리고 AI를 활용한 혁신적 서비스 모델의 등장으로 기업의 운영 방식과 개인의 삶을 근본적으로 변화시킬 전망이다.

따라서 개인과 기업은 단순한 생성형 AI 기술 도입을 넘어 이를 효과적으로 활용하는 역량을 개발하고, 지속적인 학습과 혁신을 통해 경쟁력을 확보해야 하는 시대로 접어들었다. 동시에 윤리적 가이드라인 수립, 알고리즘 투명성, 프라이버시 보호 등 사회적 과제에 대한 논의와 제도적 뒷받침이 필수적이다(Shavit et al., 2024). 결국 다가오는 생성형 AI, AI 에이전트, 양자 컴퓨팅의 융합 시대를 준비하는 것은 이제 선택이 아닌, 도전적인 미래를 향한 필수 여정이 될 것이다.

참고문헌

Bornet, P., et al.(2025). *Agentic artificial intelligence: Harnessing AI agents to reinvent business, work, and life.* Irreplaceable Publishing.

Durante, Z., et al.(2024.2.8). An interactive agent foundation model. *ArXiv,* https://arxiv.org/abs/2402.05929

Immorlica, N., et al.(2024.10). Generative AI as Economic Agents.

ACM SIGecom Exchanges, 22(1), pp.93–109, https://www.researchgate.net/publication/384754867_Generative_AI_as_Economic_Agents

Liang, Z., et al.(2023.7.17). Unleashing the Potential of LLMs for Quantum Computing: A Study in Quantum Architecture Design. *ArXiv,* https://arxiv.org/abs/2307.08191

Liu, J., et al.(2024.1.10). Towards provably efficient quantum algorithms for large-scale machine-learning models. *Nature Communications*, 15(1), https://www.nature.com/articles/s41467-023-43957-x

Nokhwal, S., et al.(2023.12.15). Quantum Generative Adversarial Networks: Bridging Classical and Quantum Realms. *ArXiv,* https://arxiv.org/abs/2312.09939

Riofrio, C. A., et al.(2024). A characterization of quantum generative models. *ACM transactions on quantum computing,* 5(2), pp.1–34, https://dl.acm.org/doi/10.1145/3655027

Ruan, S., et al.(2024.4). VIOLET: Visual analytics for explainable quantum neural networks. *IEEE transactions on visualization and computer graphics,* 30, https://www.researchgate.net/publication/380033054_VIOLET_Visual_Analytics_for_Explainable_Quantum_Neural_Networks

Shavit, Y., et al.(2024). Practices for governing agentic AI systems (White paper). OpenAI.

Wang, Y., et al.(2024.7.23). Fundamental causal bounds of quantum random access memories. *npj Quantum Information*, 10(1), https://arxiv.org/abs/2307.13460

Xu, M., et al.(2024.1.13). Generative AI-enabled quantum

computing networks and intelligent resource allocation. *ArXiv,* https://arxiv.org/abs/2401.07120

권오병

서울대학교 경영학과 경영 학사를 취득하고, 한국과학기술원 경영과학과에서 공학 석사와 공학 박사 학위를 취득했다. 카네기멜론대학교 전산학부에서 방문과학자, 샌디에이고주립대학교 경영정보학과에서 방문교수를 역임한 바 있다. 경희대학교 경영대학 교수로 재직하면서 총장실 정책위원, 미래정책원장, 학장, 학무부총장을 역임했다. 한국지능정보시스템학회 회장, APBBR 편집위원장을 역임했으며, 현재 스탠퍼드대학교 선정 HCR 2% 학자다. 주요 연구 분야는 AI 비즈니스, 빅데이터 분석, ESG 경영 등이다. 저서로는 《경영학 입문》, 《4차 산업혁명과 지속 가능 사회》, 《AI 비즈니스》, 《우주 비즈니스》 등이 있다.

이남연

경희대학교 일반대학원 국제경영학과에서 경영정보시스템 전공으로 박사 학위를 취득했다. 현재 한신대학교 경영미디어대학 IT경영학전공 부교수로 재직 중이며, 주요 연구 관심 분야는 빅데이터 분석, 텍스트 마이닝, 거대 언어 모델 분야 및 인공지능 비즈니스 분야다. 특히 최근에는 인공지능과 사용자 사이의 상호작용을 기반으로 한 관계 형성 과정에 대한 연구와 인간-인공지능 관계 기반으로 인공지능의 지속 사용성을 높일 수 있는 인공지능 설계 방안에 대한 연구를 수행 중이다.

손권상

한국능률협회컨설팅(KMAC) AI/빅데이터본부 본부장이며, 인하대학교 경영대학원 외래교수다. 경희대학교에서 빅데이터 경영 전공으로 경영학 박사 학위를 취득했다. 주요 전문 분야는 AI 전환 전략, 지능형 의사 결정 지원 시스템, AI 기술 응용이다. 서울시립대학교, 광운대학교, 가톨릭대학교에서 경영정보 시스템과 비즈니스 인텔리전스 분야를 강의했다. 공공혁신 협의회 데이터분과 자문위원, 행정안전부 데이터 기반 국정 현안 모니터링 체계 구축 자문위원으로 활동했다. "Technology Acceptance Theories and Factors Influencing Artificial Intelligence-based Intelligent Products"(2020) 등 20편 이상의 논문을 KCI, SSCI, SCOPUS 등 등재학술지에 게재했다.

최상호

경희대학교 경영학 MIS 박사 과정을 수료했다. 첨단정보기술 연구센터(CAITech) 연구원이다. 세종대학교 컴퓨터학과 학사, 한세대학교 IT융합전자공학 과정 이수, ASSIST 경영학 석사 및 Aalto MBA를 취득했다. (전)세아네트웍스, 교보정보통신, 엔코아컨설팅, VTW 등에서 개발기획자 및 컨설턴트로 활동, 삼성, 현대, 조달청등 유수 기업 및 공공기관의 IT 및 AI 컨설팅 프로젝트를 다수 수행, 현재 올핀, 팜피, 하남주택도시공사등에서 대표 컨설턴트, 사업 기획, 멘토 등으로 활동하고 있으며, 한국지능정보시스템학회 및 한국경영정보학회 정회원으로 AI 에이전트, 양자 머신러닝 등 데이터 활용 분야의 연구 성과를 확장 중이다. AI 기술을 경영 현장에 효과적으로 구현하는 데 열정을 쏟고 있다.

권성준

삼성 SDS 컨설팅팀의 AI 컨설턴트로서 기업들의 디지털 전환 컨설팅을 수행 중이다. 경희대학교 국제경영학부에서 학사, 한국과학기술원에서 정보경영 석사 학위를 취득했으며, 경희대학교 빅데이터응용학과 박사(공학) 과정을 수료했다. 주요 연구 분야는 신기술 확산 및 채택, 생성형 AI, 양자 머신 러닝 등 신기술 응용 등이다. 딜로이트컨설팅코리아 Enterprise Technology & Performance 사업본부에서 국내외 기업의 디지털 전환 자문을 수행했다(2016~2024). 감수한 서적으로는 《AI 혁신 바이블》(2024)이 있다.

최륜희

경희대학교 경영학과에서 학사, 석사 학위를 취득했으며, 현재 경영학 박사 과정을 수료 중이다. 현재 경희대학교 첨단정보기술연구센터(CAITech) 연구원으로, (전)미래비전그룹에서 과학기술 정책기획 선임 컨설턴트로 활동하며 다양한 정책기획과 컨설팅 프로젝트를 수행했다. 특히 과학기술 혁신 전략과 기업의 지속 가능한 경영 모델 설계에 주력하며, 국가와 민간 부문의 주요 프로젝트에 기여했다. “Factors affecting the continuance intention of mobile payment services: a product-service systems perspective"(2022) 등 여러 학술 논문과 보고서를 발표했으며, 이를 기반으로 실무와 학문 간의 접점을 모색하고 있다. 앞으로 AI와 빅데이터, 윤리, 금융 등 다양한 분야를 활용한 경영 전략 연구를 통해 학계와 실무 간의 연결 고리를 강화하고자 한다.

권상지

경희대학교 의료경영학과에서 석사 학위를 취득하고 현재 경영학 박사 과정에 재학 중이다. 첨단정보기술연구센터(CAITech) 연구원으로서 빅데이터 경영, 자연어 처리(NLP), 프롬프트 엔지니어링, 양자 머신 러닝 등에 관심이 있으며 연구실에서 머신 러닝 등 다양한 프로젝트를 수행한다. AI가 실제 산업 현장에서 보다 폭넓게 활용 가능하도록 학문과 실무의 접목을 모색 중이다.

박예린

경희대학교 첨단정보기술연구센터(CAITech) 연구원이자, 한국능률협회컨설팅(KMAC) AI/빅데이터본부 시니어 컨설턴트로서 공공·민간 기업을 대상으로 생성형 AI 도입 및 AI 전환 컨설팅을 수행하고 있다. 한성대학교에서 무역학과 CRM·디지털마케팅 학사 학위를 취득했으며, 현재 경희대학교 빅데이터 응용학과에서 석사 과정에 재학 중이다. 재단법인 한국세계 자연기금(WWF-Korea)에서 Member DBA&Reporting Officer로 근무하며 데이터 분석 및 리포팅 업무를 담당한 바 있다. 주요 연구 분야는 생성형 AI, AI Application, 설명 가능한 인공지능(XAI), 모델 최적화이며, 인공지능 기술이 산업 현장에서 실질적인 가치를 창출할 수 있도록 학문적 연구와 실무 적용을 병행하고 있다.